Harold Zúñiga

Hablar bien en público

de una vez por todas

Una guía práctica para expresarnos mejor ante los demás

OCEANO *exprés*

HABLAR BIEN EN PÚBLICO DE UNA VEZ POR TODAS
Una guía práctica para expresarnos mejor ante los demás

© 2011, Harold Zúñiga

Publicado según acuerdo con Zarana Agencia Literaria

Para su comercialización exclusiva en Hispanoamérica
y Estados Unidos

Diseño de portada: Leonel Sagahón / Jazbeck Gámez
Fotografía de Harold Zúñiga: cortesía del autor

D. R. © 2017, Editorial Océano de México, S.A. de C.V.
Eugenio Sue 55, Col. Polanco Chapultepec
C.P. 11560, Miguel Hidalgo, Ciudad de México
Tel. (55) 9178 5100 • info@oceano.com.mx

Primera edición en Océano exprés: abril, 2017

ISBN: 978-607-527-242-9

Impreso en México / Printed in Mexico

Índice

Introducción

M is casi treinta años de profesión en el mundo del espectáculo, como actor de teatro y televisión, bailarín y ocasionalmente cantante, me han permitido vivir la maravillosa experiencia de desarrollar habilidades con el cuerpo, la voz y las relaciones interpersonales. No todos fueron, sin embargo, días de gloria. También tuve que enfrentarme a problemas de voz (soy alérgico a los ácaros del polvo, a las gramíneas y a los gatos), a miedos personales, a creencias limitadoras y a opiniones de personas que en determinados momentos no me consideraron cualificado para alguna actividad. He observado en mi propio proceso, y en los de mis compañeros, el crecimiento y evolución en el uso de la voz, el cuerpo y las habilidades de comunicación. Y hoy en día lucho, a mi manera, para que los entrenamientos y procesos que me permitieron superarme les sean útiles a otras personas, y para que algún día no muy lejano los incorporemos a la educación básica de nuestr@s niñ@s y jóvenes.

En este libro está sintetizada mi experiencia de quince años como pedagogo impartiendo formación sobre recursos para hablar en público, así como las habilidades de comunicación con uno mismo y con los demás que he ido desarrollando a través de diferentes aprendizajes, derivados tanto de experiencias propias como de las de otras muchas personas que me han servido de modelo.

Si tuviera que responder a la pregunta "¿qué tiene este libro de diferente?", diría que son principalmente dos cosas: su enfoque práctico y la importancia que doy a la forma.

Enfoque práctico

Éste es un libro con una gran cantidad de autoentrenamientos (en diferentes áreas de la comunicación y el crecimiento personal), fáciles de entender y que conllevan beneficios rápidos y tangibles sin necesidad de excesivo esfuerzo.

Exponiendo de manera simplificada una teoría sobre el aprendizaje, me atrevería a circunscribirla a dos áreas:

- *La parte racional*: es muy importante explicar/razonar/invitar a pensar sobre algunos puntos de vista que los seres humanos damos por sabidos (en *coaching* lo llamamos cambiar "creencias limitantes" o prejuicios que cierran posibilidades). En este libro hay varias páginas que invitan a abordar algunas creencias desde otros puntos de vista que abren más opciones.
- *La parte de entrenamiento*: imagino que, como consecuencia de mi práctica como bailarín y actor, puedo sintetizar la guía para la parte de entrenamiento en una sola frase: "A bailar se aprende bailando". La experiencia y la observación me han llevado a concluir que la gran mayoría de las habilidades se desarrollan con el entrenamiento (el ensayo, la práctica, la repetición del ejercicio que nos lleva a la pericia).

Además, el último capítulo del libro está ampliamente dedicado al entrenamiento de la voz. Una voz entrenada con una alta claridad favorece que tengamos una mayor credibilidad y que se nos perciba más seguros y asertivos, incluso aunque en nuestro interior no lo sintamos así; por tanto, ayuda a que nos relacionemos con nuestros miedos e inseguridades de una manera más eficaz: es como llevar un vestuario que sabemos que nos va a permitir transmitir una buena imagen, independientemente de cómo estemos ese día. Lo importante es que usted descubra y compruebe esto por sí mismo cuando ejercite el uso de su voz; de momento, es suficiente con que la idea le llame la atención.

Como he dicho, este libro presta una gran atención a los ejercicios de autoentrenamiento concretos que hay que realizar (pues, repito, "a bailar se aprende bailando"). Hay manuales que aconsejan: "Pronuncie usted de forma clara", "No utilice muletillas cuando habla",

"Sea ameno", etcétera. Este adiestramiento no funciona por vía racional; hasta que no le indiquen entrenamientos específicos y los realice,
es difícil que logre pronunciar mejor, eliminar las muletillas, hacerse
amigo de las pausas o resultar más ameno. Admitiendo que la actitud
también pone un tanto por ciento importante, no deja de ser cierto que
la maestría en la ejecución se consigue con el entrenamiento. Con este
libro tiene acceso a una guía de audio, disponible en el enlace que
hemos puesto a su disposición, para que pueda seguir ordenadamen-
te una serie de prácticas con el fin de mejorar todos esos aspectos:
http://www.oceano.mx/hablar-bien-en-publico.aspx.

La importancia de la forma

También, como un elemento transversal a todo el libro, está la importancia que doy a la forma a la hora de hablar en público. La tendencia
más usual es centrarse en el contenido, que por supuesto es importante,
pero no me cansaré de repetir que lo que seduce es la forma: es lo
que causa impacto. Hay una cita clásica sobre la retórica que dice así:
"Cuando Cicerón acababa de hablar, el pueblo decía: '¡Qué bien ha
hablado!'. Pero cuando lo hacía Demóstenes, el pueblo decía: '¡Luche-
mos contra el enemigo!'"". Era la forma de dirigirse al pueblo lo que
distinguía a Cicerón de Demóstenes. Si tiene alguna duda al respecto,
piense en una presentación escrita por los mejores expertos (un diez
en contenido, siendo diez el máximo) pero presentada por la persona
con la voz más monótona que conozca. ¿No cree que se dormirían
hasta las ovejas? Por tanto, ¿es el contenido lo que seduce? ¿No le
parece que son en realidad las personas las que ejercen la seducción
o capacidad de convencer? Cuidar el contenido es una parte imprescindible y básica, pero es solo una pequeña parte del trabajo; tanto
es así que de toda la información que un individuo recibe en cualquier
comunicación, los científicos nos transmiten que 7 por ciento proviene
del contenido, 38 por ciento del tono y manejo de la voz y 55 por
ciento del lenguaje no verbal.[1] Por tanto, si usted se centra solo en el

---

[1] Mediciones de Albert Mehrabian recogidas en su libro *Tactics in Social Influence*,
Prentice-Hall, Englewood Cliffs, 1970.

contenido, se está olvidando de un 93 por ciento de la comunicación. Esto no quiere decir, por supuesto, que podamos descuidar el contenido. Es más, le invito a preocuparse por el mismo y desarrollar un buen material, pues la situación ideal es la conjunción de un buen contenido y una buena forma.

Este libro se dirige a cualquier persona que desee mejorar su manera de hablar en público (independientemente de que tenga alguna, ninguna o mucha experiencia), a quien quiera perfeccionar su gestión de inseguridades cuando tiene que expresarse ante los demás, o que se sienta sobrepasado emocionalmente (aspecto importante que también hay que gestionar en la comunicación), y a quienes tengan que hacer uso de su voz, ya sea puntualmente o con regularidad, para hablar ante otras personas, como conferenciantes, empresarios, políticos, pedagogos, etcétera. En general, el destinatario de estas páginas es cualquier persona que desee desarrollar la habilidad de hablar en público de una manera eficaz (e incluso, más allá de la eficacia, de una manera atractiva). Aunque no es un tratado sobre la voz (no es el objeto específico de este libro), también puede interesar a logopedas, actores y estudiantes de arte dramático.

En España hay buenas voces y mucha creatividad. ¿Por qué entonces nuestra oratoria no está considerada a la altura de la de otros países como Estados Unidos, Reino Unido o Francia? Creo que hay dos hechos muy reveladores en este sentido. Por un lado, nuestro sistema educativo. Aunque poco a poco está cambiando, todavía hoy en día se habla poco en público en los colegios y universidades. Además, sigue vigente la aberración comunicativa que llamamos "oposiciones", en las que, debido posiblemente a la masificación, se ha desarrollado la muy desafortunada creencia de que lo importante es hablar y no parar (el cómo es secundario). Por otra parte, tenemos poca tradición dialéctica en los medios de comunicación. Aunque afortunadamente también este parámetro va mejorando poco a poco, y ya hace algún tiempo que empezamos a ver debates públicos televisados, otros países nos llevan muchos años de ventaja en esta práctica. Además, en la actualidad las cadenas de televisión priorizan los aspectos emocionales (indignación, gritos, descalificaciones...), que producen más espectáculo pero que anulan la parte más comunicativa (escucha, empatía, respeto a la diversidad, forma de hacer peticiones, maneras de dar *feedback*, etcétera).

La más reciente historia de España nos deja claro que cuando se invierte en formación termina habiendo resultados: solo hay que fijarse en el deporte de competición, en el que hace veinticinco años nuestro peso a nivel mundial era muy inferior. Por eso estoy convencido de que con nuestro alto potencial para la comunicación oral ocurrirá lo mismo. Aunque queda mucho por hacer, tengo la confianza de que saldrán grandes y relevantes oradores. Solo es cuestión de formación y tiempo.

Nuestro imaginario popular sobre la oratoria proviene de la cultura griega. Ya entonces era una habilidad que se cultivaba, que se entrenaba. Usted, respetado lector, también está dotado para ser un buen orador. ¿Quiere formarse? Pues crea en sus posibilidades, dé vuelta a la página y empiece ya a practicar.

Cómo usar este libro

Como apuntaba antes, este libro tiene un carácter práctico e incluye numerosos entrenamientos. Usted, en función de su disponibilidad, irá regulando la progresión de sus habilidades.

La dificultad de los entrenamientos es una cuestión subjetiva, pues dependerá de la facilidad de cada uno, pero he establecido tres niveles:

> + Dificultad leve.
> ++ Dificultad media.
> +++ Dificultad alta (que, por tanto, requerirá mayor tiempo de práctica).

En algún caso puede ver combinados dos niveles de dificultad (e incluso los tres), pues el ejercicio en cuestión será más o menos difícil dependiendo de la persona: lo que a una persona le puede parecer fácil a otra le puede costar más; en cualquier caso, lo importante no es la velocidad sino llegar al destino desarrollando la habilidad en mayor medida.

El libro tiene ocho áreas temáticas, presentadas en este orden: el punto de partida para convertirse en un ser humano con poderes de relación social, la relación con nuestras inseguridades, el mapa de ruta o la estructura previa, la atención al tiempo, la atención al entorno físico y los ensayos, la gestión de preguntas, el lenguaje básico del cuerpo y los entrenamientos de oratoria.

Los entrenamientos de oratoria están detallados por escrito con sus correspondientes grabaciones con el fin de que sirvan de pauta para la mejor comprensión y realización de los mismos. Puede que algunos de ellos le parezcan complicados al leerlos (ponerle texto a un ejercicio y detallarlo es mucho más extenso que hacer una demostración y pedir que se repita), pero en la gran mayoría de los casos las grabaciones prácticas disminuirán mucho la aparente dificultad.

Esta última área sobre la oratoria es más larga dada la importancia que tiene su voz y cómo la utilice para desgranar con palabras sus ideas y mensajes. Es, además, el área que posiblemente le requerirá más tiempo de entrenamiento, ya que tendrá que desarrollar dominios musculares, articulares, corporales y de interactuación entre pensamientos-selección de frases-respiración-voz. Al efectuar los ejercicios se pondrán en práctica, sin apenas darse cuenta, muchos mecanismos de interacción.

Si lee el libro de un tirón puede que al terminar sienta que son muchas las cosas que hay que controlar. Esto es cierto, pero no se desanime en absoluto, pues ya con los primeros pasos —sobre todo con los entrenamientos de las tres ecuaciones lingüísticas— empezará a notar cambios muy positivos.

Si dispone de muy poco tiempo vaya directamente a los apartados titulados "Práctica" y comience con los entrenamientos. Puede ayudarse con las grabaciones disponibles en la página web que se ha dispuesto para usted, si tiene alguna duda.

Hay diferentes tipos de entrenamiento:

- Para mejorar aspectos técnicos del lenguaje verbal. Algunos de ellos tendrán también repercusión en el lenguaje no verbal, pues ambos están profundamente relacionados y, de hecho, las mejoras más evolucionadas han de abarcar ambas áreas.
- Para afrontar los miedos.
- Para evitar las declaraciones de impotencia como "no puedo hacer tal cosa". Generalmente están basadas en una creencia falsa que, sólo por el hecho de tenerla, se convierte en verdadera.
- Para desarrollar el "aquí y ahora" a través de la escucha. Esto es fundamental para niveles elevados de comunicación.
- Para construir un mapa de ruta o diseñar una estructura que le ayude a transmitir mejor sus mensajes.
- Para gestionar diferentes áreas simultáneamente. Un buen presentador debe desarrollar esta habilidad como un ma-

labarista: empezando con dos bolas y añadiendo más (con dos o tres bolas un malabarista ya nos causa admiración).

Al principio le puede parecer muy difícil llegar al dominio de tantas cosas, pero piense en lo que supone aprender a conducir: al poco tiempo de adiestramiento se puede hacer de manera satisfactoria y después de mucha ejercitación hay incluso quien conduce hablando por el móvil o comiendo un sándwich (lo que, como se sabe, no es conveniente, pero refleja que lo que en un principio se creía muy difícil no lo es tanto y se ha convertido en un automatismo).

Mayoritariamente todos los entrenamientos de este libro son sencillos y asequibles para cualquiera. La dificultad aparecerá porque en algunos casos tendrá que *contener* un automatismo suyo, inadecuado, y deberá gestionar la incomodidad inicial que conlleva cambiarlo, pero ¿qué aprendizaje o desarrollo de habilidad no requiere de un proceso? Lo fantástico de ejercitarse es comprobar el poder de cambio que poseemos y las metas a las que nos permite llegar.

Consideraciones generales sobre el aprendizaje

Artificialidad *versus* naturalidad

Es importante darse cuenta de que no se puede ser bueno (ya no digo excelente) en nada (lo extiendo a prácticamente el 100 por ciento de las habilidades) sin ser artificial.

Puedo dar unos breves ejemplos tomados de mi experiencia personal y los de otras personas para ilustrar la anterior declaración:

- Cuando era un niño, formé parte del equipo de atletismo del colegio porque los tiempos que medía el profesor con el cronómetro le indujeron a pensar que merecería la pena entrenarme y enseñarme a correr bien. Correr bien... ¡qué poco tiene de natural! Qué importante era aprender a coordinar el brazo con la pierna contraria, a mover más el brazo exterior cuando entrábamos en una curva... Correr bien no tiene nada de natural (y estoy hablando de competencias en el colegio y la provincia, imagínese al nivel de unos campeonatos nacionales o internacionales).
- Cuando estuve en el equipo de natación de la universidad, tuve que aprender la artificialidad que implica hacer más o menos bien una brazada en los estilos de *croll* y dorso (nada de natural, de nuevo).
- Tuve un amigo guitarrista que vivió en mi casa un año. ¡Dios mío, la cantidad de veces que repetía los mismos acordes para conseguir tocarlos bien!
- Un médico aprende a operar operando, es decir, aprendiendo,

de manera artificial, cómo se separan venas, músculos, sangre; en qué punto es mejor cortar o no, etcétera.

Todas las técnicas son artificiales, por lo que en un primer momento sentirá que no está en su registro "normal". Sin embargo, la técnica es el peaje necesario para pasar de normal a bien, o a muy bien.

Adquirir una técnica no significa necesariamente perder la naturalidad, aunque en algún momento del proceso puede percibirlo así. Tenga en cuenta que por mucha técnica que usted aprenda, su fuerza, su talento, su magia, está en ser usted mism@, porque su verdadero yo es aquello que lo hace diferente. El objetivo del aprendizaje es cruzar/conectar la técnica con su yo. Como si fuera magia, justo en ese momento, parecerá que lo hace de manera natural.

En los mejores profesionales se puede apreciar que este cruce está tan equilibrado que todo se percibe natural, pero también podemos ver buenos profesionales en los que el equilibrio no ha sido tan bien alcanzado: un ejemplo de lo que digo se puede apreciar en los presentadores de noticias, a los que podemos encontrar muy naturales (tienen un buen equilibrio artificialidad *versus* naturalidad) o algo artificiales (con menos evolución en el mencionado equilibrio; pero siempre eficientes). Todo esto dependerá de la facilidad de cada persona y del tiempo; lo que me parece relevante es observar que incluso aquellos que aún no han encontrado el equilibrio deseable, al menos se mueven en el objetivo mínimo de todos: la eficacia en lo que comunicamos.

En los entrenamientos y ensayos oblíguese a que su cerebro gestione la artificialidad de las herramientas (es lo que le permitirá ir integrándolas). En los momentos reales de presentación deje la gestión en un segundo plano y otorgue más protagonismo a su yo; céntrese en su "hilo con la audiencia".

El equilibrio entre gestionar y soltarse, entre ser racional o instintivo, lo irá encontrando en función de sus necesidades y su evolución. Si usted no pronuncia bien, tendrá que estar gestionando todo el tiempo la pronunciación correcta, pues de otra manera no se entendería lo que quiere transmitir. Hasta que no alcance unos niveles satisfactorios de pronunciación no podrá dejarlo para un segundo plano (hasta que no lo automatice, como jugar al ping-pong o al pádel, o conducir). No es necesario que piense en blanco o negro. No tiene que conseguir un

100 por ciento de dominio, pues con un 60-70 por ciento ya estará usted mejorando sensiblemente.

> Consejo: permítase avanzar por etapas.
> Lo importante es disfrutar cada paso.

Cómo aprendemos

Es importante, por tanto, insistir en la repetición de acciones: entrenar y entrenar. Pero también hay que tener presente cómo aprendemos. Hay una serie de factores muy relevantes en el abordaje de la comunicación oral que he ido descubriendo a lo largo del tiempo y que tengo en cuenta en el diseño de mis metodologías de aprendizaje. Son los siguientes:

- *El cerebro tiende a funcionar con automatismos (comportamientos humanos repetitivos).*
  Lo descubrí por observación y aún hoy sigo sorprendiéndome: ¡Dios mío, qué gran cantidad de automatismos tenemos! Los psicólogos y neurólogos lo confirman.[2] Los últimos descubrimientos en neurología nos indican que incluso con las emociones funcionamos mediante mecanismos automáticos.[3]
  Lo interesante y concluyente en este caso es que un automatismo solo se quita sustituyéndolo por otro. Es decir, para conseguir un cambio de comportamiento es necesario repetir acciones en el tiempo (crear otro automatismo), de ahí la importancia que doy a los entrenamientos. Por eso, mi metodología para hablar mejor en público está basada en encuentros, denominados ciclos, que permiten revisar el estado de lo entrenado en el encuentro anterior, reentrenar habilidades e incorporar alguna nueva.

[2] A. T. Beck, A. Freeman y Ellis, *Terapia cognitiva de los trastornos de personalidad,* Paidós, Barcelona, 1995.
[3] Cfr. Daniel Goleman, *Inteligencia emocional,* Kairós, Barcelona, 2001, en el capítulo sobre el secuestro emocional (para el caso de la neurología).

- *La gran mayoría de habilidades humanas requieren una vivencia sensorial.*

  ¡Hay aprendizajes que por vía racional NO funcionan! Un ejemplo: cuando explico a mis clientes que no deben emplear muletillas y que lo adecuado es hacer pausas, todos lo entienden muy bien racionalmente y están de acuerdo. Sin embargo, esa información no les sirve para dejar de usarlas: el abordaje tiene que ser sensorial, experiencial. Reseño este fragmento de Aristóteles: "Lo que hay que hacer después de haber aprendido, lo aprendemos haciéndolo; por ejemplo, nos hacemos constructores construyendo casas, y citaristas tocando la cítara".

- *"La diferencia entre mi percepción y la de los demás".*

  De una manera poco ortodoxa y con el fin de llamar mucho la atención de mis clientes, a este factor de desigualdad, lo llamo el "salto del esquizofrénic@" y lo defino como la distancia que hay entre lo que la persona percibe que está ocurriendo y lo que perciben los demás. Cuando este trecho es muy grande podemos hablar incluso de una enfermedad mental, pero lo normal es que todos tengamos un poco de este "salto del esquizofrénico". Algunos ejemplos: personas que creen que hablan alto y apenas se les escucha, personas que creen que están hablando lento y van a una velocidad muy superior a la normal, personas que creen que aburren y tienen encanto personal...

- *El comportamiento humano es a menudo paradójico.*

  A veces queremos algo pero actuamos, inconscientemente, de una forma que nos aleja del objetivo; nos autosaboteamos. Cuando logramos ser conscientes de ello, podemos tomar una contramedida. A continuación expongo un par de ejemplos.

  Algunos de los que peor se la pasan hablando en público preparan sus presentaciones con mucho menos detalle que aquellos que no tienen tanto miedo a expresarse ante la gente. Es decir, quieren que les salga bien, pero no la preparan a fondo; por tanto, no son coherentes a la hora de aplicar la contramedida que necesitan.

Muchas personas, cuando no dominan el contenido, reaccionan hablando mucho y más rápido. Si lo pensaran detenidamente observarían lo contradictorio e inadecuado de su comportamiento. ¿O acaso creen que por decir más no se notará su falta de dominio?

- *A todos nos limitan las falsas creencias, que son un importante obstáculo para el aprendizaje.*
  Una de las más comunes es que quien habla bien en público tiene unas aptitudes de nacimiento, cuando en realidad la inmensa mayoría de ellos se ha entrenado para desarrollar este tipo de habilidad. Otra muy extendida es "no puedo…". En mi etapa de bailarín también me ganaba la vida enseñando danza en los gimnasios y recuerdo que el primer enemigo que tenía que vencer era ese "no puedo…". Tenía que desmontar esa creencia arraigada en la persona y hacerle ver, demostrarle, que sí podía.

- *Hay que darle un lugar adecuado a la voz.*
  Me refiero al buen uso de la voz y no exactamente a la calidad de la voz (obviamente si confluyen los dos elementos resulta mucho mejor). En cualquier caso, todos los especialistas en comunicación le dan importancia a la voz. Lo que me sorprende es que la aborden en una 5ª, 6ª, 7ª u 8ª posición (dependiendo del especialista). En mi caso la sitúo en primer lugar. ¿Por qué? Piense usted que va a dar una presentación importante y justo ese día amanece afónico. ¿Qué lugar tendría la voz?

> Empiece mejorando el uso de la voz; ganará claridad y credibilidad.
> No se trata de tener buena o mala voz;
> se trata de cómo la utiliza para transmitir la información.

Hablar en público implica...

Para terminar estas consideraciones generales, permítame que le recuerde que hablar eficazmente en público implica desarrollar habilidades en los siguientes apartados:

- El manejo de la voz (oratoria), que tiene una enorme importancia.
- El manejo de las relaciones...
    ...con nuestras inseguridades.
    ...con nosotros mismos.
    ...con los demás (gestión de inseguridades e imprevistos, preguntas y respuestas).
- El manejo del tiempo.
- El manejo de la preparación previa a la presentación.
- El manejo mínimamente eficaz del lenguaje no verbal.
- El manejo de lo que ocurre después de su exposición.

PRIMERA PARTE

CÓMO DESARROLLAR LAS HABILIDADES NECESARIAS PARA HABLAR BIEN EN PÚBLICO

1 Convertirse en un ser humano con poderes de relación social

El punto de partida: desarrollar los cinco pilares de la comunicación

La comunicación es una interacción entre lo que recibimos y lo que emanamos ante los demás (podríamos extenderlo a nuestro entorno porque también nos comunicamos con los animales y, en otras culturas, con la naturaleza); los cinco pilares que comentaré a continuación influyen en la recepción y envío de mensajes, y lo ideal es encontrar el equilibrio adecuado en esta interacción (recepción-envío).

Intentando abarcar la comunicación de una manera holística, integrada por diferentes áreas que se interrelacionan entre sí de una manera compleja, difícil de precisar, diría que convertirse en un ser humano con poderes de relación social implica desarrollar —entrenándose, insisto— cinco pilares generales que, lamento decirlo, a su vez son la suma de otras varias habilidades. Por otro lado, esta dificultad hace que el propio camino de evolución como ser humano y ser comunicativo sea fascinante y grandioso.

Los cinco pilares son:

- La escucha.
- La empatía.
- La gestión emocional.
- La expresión/exposición eficaz.
- El seguimiento: después de la exposición.

En estos cinco pilares se combina de manera muy diversa el trinomio del ser humano (tanto en *coaching* como en psicología); es decir, mente

+ emoción + cuerpo. Afortunadamente, es admitido hoy en día como trinomio inseparable, con la ventaja de que influir en uno de los tres factores repercute también en los otros dos.

Entrenarnos en los cinco pilares no solo nos permitirá convertirnos en seres humanos con más poderes de relación social, sino que también nos ayudará a nosotros y a las generaciones venideras a gestionar mejor la diversidad y poder crear puentes de comunicación a pesar de las diferencias.

La escucha

Hay un libro muy recomendable, *El poder del ahora*, de Eckhart Tolle,[4] que básicamente invita a entrenarse en la percepción de lo que ocurre en el instante presente. Se trata de "estar" en el presente. Por poner un ejemplo: cuando usted está hablando con un cliente o cualquier otro interlocutor, ¿cuántas veces, mientras le hablan, está pensando ya en lo que le va a decir? ¿En qué medida, mientras piensa en ello, está usted perdiéndose detalles o información más precisa de lo que le está comunicando su interlocutor? (Y recuerde que la información no está solo en lo que se dice, sino en cómo se dice).

Durante mi entrenamiento como *coach* tuve que esforzarme en desarrollar esta habilidad. Yo creía que escuchaba bien, pero descubrí que tenía más recorrido de mejora del que pensaba. Incluso hoy en día, que he mejorado mis niveles de escucha simultánea (contenido, lenguaje verbal, no verbal, emociones y entorno), he de recordarme a veces que debo relajarme y simplemente "estar" con mi cliente (escucharle a todos los niveles).

Piense en lo siguiente. Cuando viaja en un autobús (o tren o avión), ¿cuántas veces "está" en el presente y cuántas está dentro de su mente? ¿Cuántas veces "está"? ¿O en realidad solo controla con el automático los mínimos de supervivencia (no tropezarse, comer sin mancharse, etcétera)?

Entrenarse en el "aquí y ahora" consiste básicamente en escuchar. Curiosamente, cuando logramos esos momentos en que "escuchamos"

[4] Eckhart Tolle, *El poder del ahora*, Gaia Ediciones, Madrid, 2001.

el pequeño universo que nos rodea, de repente nos resulta más fácil escucharnos a nosotros mismos de una manera más plena (es el concepto de la meditación). En cualquier caso, lo importante para su vida y su trabajo es que si desarrolla más su capacidad de escucha, junto con su habilidad oratoria, estará incrementando sus posibilidades de tener resultados positivos y efectivos, tanto para usted como para los demás.

La herramienta "pausa", que veremos en mi segunda ecuación lingüística (en el capítulo 8 de este libro, sobre entrenamientos de oratoria), no solamente tiene beneficios en la oratoria, sino que predispone y facilita el desarrollo de la escucha. Me gusta llamarla herramienta porque es realmente un mecanismo de gestión de muchas cosas, entre ellas algunas tan básicas y fundamentales como la respiración, que no solamente es esencial para nuestra propia vida sino que es el soporte de la voz. En el mencionado capítulo desgranaré las importantes ventajas de usar adecuadamente las pausas, aunque debe pensar que la índole de las mismas influye en la calidad de su respiración y por tanto en el uso de la voz; las personas que tienen tendencia a hablar muy rápido también tendrán propensión a hacer pausas más cortas. Recuerdo que en alguno de los muchos libros de voz que he leído a lo largo de mi vida descubrí una reflexión que algunas veces he evocado: "Vivimos como respiramos o respiramos como vivimos: se puede contemplar de cualquiera de las dos maneras".

Lo que me interesa señalar ahora del entrenamiento con las pausas es que implica hacerse aliado del silencio, que, además, es fundamental para que los otros hablen y podamos escuchar (admitiendo que hay también un tanto por ciento de personas a las que les pasa lo contrario: escuchan demasiado y hablan poco, y suelen ser percibidas, injustamente muchas veces, como poco participativas).

Tenga en cuenta que incluso si es una persona que presta bien atención a las cosas, hay dos enemigos muy claros de la escucha:

- Estar muy cansados o estresados.
- Estar convencidos de que tenemos la razón.

Cuando una de estas dos circunstancias acompaña, la capacidad de escucha se ve afectada (si además coinciden las dos, todavía peor).

Quizás ya lo tenga claro y le parezca muy obvio, pero si no fuera así, le invito a observarse y comprobar cómo su flexibilidad ante las razones del otro disminuye cuando se presenta una de las dos mencionadas circunstancias.

Por último, le dejo una frase que leí una vez en un libro de comunicación y que me pareció estupenda:

> La conversación la domina quien escucha, no quien habla.

Preparación y disposición para la escucha

Cada persona tendrá una mayor o menor facilidad para la escucha, pero llamo la atención sobre el hecho de que también es un acto que tiene que ver con una decisión de la voluntad.

Es muy usual que de camino a la consulta me recuerde a mí mismo que hoy es una nueva oportunidad para escuchar más plenamente a mis clientes. La escucha implica, además, ejercitar el respeto hacia otras percepciones.

> Escuchar consiste en la elección de concentrarse
> durante un breve periodo de tiempo en nuestro interlocutor
> (captar el lenguaje verbal, el no verbal y las emociones).

Para prepararse y disponerse a la escucha:

Paso 1. Tenga un mínimo dominio sobre las pausas. Entrénese, tanto en lenguaje verbal como no verbal (le percibirán como más seren@, sea cierto o no). Es una base fundamental para desarrollar el "aquí y ahora" y le ayudará en la gestión de sus emociones (véanse los entrenamientos en el capítulo 8).

Paso 2. No sabemos cómo son realmente las cosas, sólo sabemos cómo las percibimos, y nuestra percepción está mediatizada por la cultura y el momento histórico que nos rodea en nuestro "pequeño círculo". Hay muchos "pequeños círculos" diferentes al nuestro. ¿Por qué está tan convencid@ de que su percepción es la que vale?

Entrénese en intentar entender la percepción de "otros círculos" (posiblemente si usted hubiera nacido en esos lugares y entornos, pensaría de forma parecida); es decir, en tener empatía. Esto no significa que tenga que compartir ese pensamiento diferente, pero le puede ayudar a aceptar que el otro sea como es.

Paso 3. Por supuesto, desarrolle el "aquí y ahora", entrénese en vivir el momento presente cuando se comunique. Disminuya la tendencia a pensar en lo que va a decir mientras escucha.

Paso 4. Entrene su gestión emocional (los pasos anteriores se lo facilitarán).

Práctica
++/+++ Entrenamiento para la escucha

Entrénese en las conversaciones con su círculo de amistades y con su entorno laboral:

> No *interrumpa* a la otra persona hasta que termine su intervención y oblíguese a analizar su punto de vista.

Tenga en cuenta que, en general, cuando es usted el que interrumpe, será porque le cuesta estar callado y seguir escuchando o porque piensa que sus razones son de mucho más peso que las del otro y debe imponerlas para no perder más el tiempo.

En cualquiera de los dos casos, ¿piensa que está favoreciendo la comunicación?

Dejar terminar a su interlocutor y, luego, exponer/sopesar su propio punto de vista en relación a las ideas del otro, en función de los pros y contras (ventajas, desventajas), puede que le lleve unos segundos más (como mucho, minutos), es verdad, pero le ayudará a que, al menos, la otra persona se sienta escuchada,

¿No cree que le permite propiciar una atmósfera más adecuada para la comunicación? De hecho, puede constatar que en muchos casos le permitirá considerar más ampliamente una situación.

Cuanto más escuchamos, más campos se abren ante nosotros; cuando la escucha es importante, también cobra importancia el código del otro y el entorno (o los entornos) en los que se realizan las conversaciones. Tanto los entornos como los códigos son importantísimos, pero podemos considerarlos como frutos de la predisposición a escuchar.

Solo el entrenamiento en el aumento de la escucha nos puede facilitar la aceptación del otro, aunque sea muy diferente de nosotros en ideas. En estos tiempos en que la interrelación cultural está aumentando, debido a la globalización, y cada vez se produce de una manera más rápida, las habilidades comunicativas necesariamente tendrán que crecer; de lo contrario, las soluciones a los conflictos se buscarán en el pulso muscular y no en una negociación que conduzca a una relación de ganar-ganar.

Y por supuesto que escuchar no es hacer otras cosas mientras me hablan (como mirar la pantalla del celular, el e-mail, atender una llamada telefónica...).

La empatía

El concepto de empatía es de sobra conocido. Consiste, básicamente, en la capacidad de ponerse en el lugar de otra persona. A partir de mi observación sobre el comportamiento humano (incluyendo el mío propio), me atrevería a clasificar la empatía en dos conjuntos: empatía afable y empatía generosa. Las dos son bienvenidas, aunque, en mi opinión, la que denomino "afable" es más superficial.

La empatía afable

Es la que tienen las personas que podríamos denominar "simpáticas", la que utilizan los seres humanos que nos suelen caer bien fácilmente, que "escuchan" nuestros estados de ánimo o emocionales y responden adaptándose a los mismos al relacionarse con nosotros.

En algunas personas esto se da de forma natural y en otras es más bien una metodología para "caer bien", incluyendo todas las posibilidades intermedias, como tener parte de forma natural y parte de metodología.

Aunque es bienvenida, cuando esta empatía está relacionada con la necesidad de la persona de "caer bien", cabría preguntarse: ¿es una empatía que busca la aceptación del otro o más bien la aceptación propia, el caer bien? Hay que saber manejar bien las ganas de agradar porque puede llegar a convertirse en un factor de esclavitud sin que nos demos cuenta; es decir, podemos dejar de ser verdaderamente nosotros con tal de caer bien.

La empatía generosa

Es la capacidad de ponerse realmente en la piel de la otra persona, de ver con sus gafas o de ponerse en sus zapatos. Implica tener la apertura de mente para considerar cómo vive o siente el otro, aquello que le pasa. La diferencia con la escucha estaría en que, aparte, captamos las emociones, sentimientos y sensaciones de los demás y las aceptamos (lo que no significa, insisto, que las compartamos).

La llamo "generosa" porque su desarrollo más esplendoroso aparece cuando aquello que le pasa al otro, no está dentro de nuestros planes y nos afecta negativamente. Surgen entonces dos posibilidades:

- Que demos rienda suelta a nuestras emociones y sentimientos, lo que en muchas ocasiones nos llevará a la ruptura de las conversaciones (con lo que esto puede conllevar: disgusto con la otra persona, pérdida de una amistad, lucha de poderes o la peor consecuencia: la guerra).
- Que gestionemos nuestras emociones y sentimientos y establezcamos conversaciones, que a su vez podrán ser de dos tipos:

  - Discusiones, intentando llevar la razón y argumentando para ello.
  - Negociaciones: los buenos negociadores son personas que tienen una gran empatía y buscan lo que en el mundo de los negocios se denomina "relaciones de ganar-ganar", aunque ello conlleve que ambas partes cedan en algo. ¿No le parece que es en este sentido hacia donde los seres humanos deberíamos orientarnos? Esperemos que este sea nuestro futuro evolutivo.

Permítame que le comente el proceder de un directivo con el que trabajé. Era una persona que tenía experiencia y habilidades de comunicación, pero que deseaba reforzarlas. Mientras llevé a cabo las diferentes sesiones de nuestro entrenamiento pude observar el respeto que este directivo causaba en las personas de su equipo. Durante nuestros traslados por pasillos y despachos, observaba el lenguaje verbal y no verbal de aquellas personas con las que nos cruzábamos y que se relacionaban con él, ya fuera con un simple saludo o con un intercambio de instrucciones o consultas. En los momentos anteriores o posteriores a nuestros encuentros, la gente que me atendía —secretarias, vigilantes o asistentes de la dirección— a veces expresaban comentarios sobre él en los que se translucía que era una persona que infundía respeto, admiración y ganas de seguirle en su visión de negocio.

Un día me comentó: "Harold, yo sólo escucho. Reunimos [él y su equipo] a nuestros clientes y les preguntamos: ¿qué hacemos mal? ¿Qué hacemos que no les guste? Y ¿qué no hacemos que sí hace la competencia y les gusta? Al principio nos dijeron verdades muy duras, pero este fue el inicio de una nueva época". La empresa ha crecido en los últimos tiempos de una manera muy considerable y ha lanzado un concepto diferente de negocio, más acorde con la sostenibilidad y la solidaridad (y, además, rentable económicamente).

Se trata de un líder que escucha. Seguramente usted puede pensar en alguien de su entorno que escucha más que los demás. ¿Cuál es su opinión sobre él/ella? Y si, además de escuchar, esa persona estuviera entrenada en habilidades de oratoria, ¿no cree que su capacidad de acción sería claramente mayor?

La gestión emocional

En el momento en que desarrolle el uso de las pausas y la capacidad de escucha, estará facilitando una mejor gestión de sus propias emociones. Para que entendamos mejor lo que significa gestionar las emociones, le voy a poner el siguiente ejemplo:

> Una persona que llamaremos A entra en un hotel y le dan una habitación con unas condiciones que están por debajo de sus expectativas; A se siente indignado, se enfada y monta un

numerito. El empleado del hotel puede que le cambie la habitación o puede que le diga que no (dependiendo del día que tenga y de la disposición de otras habitaciones). En cualquier caso, seguramente A se sentirá incómodo después (por el escándalo montado) y a lo mejor ni siquiera consiga su objetivo.

Una segunda persona, B, de perfil más tímido, se encuentra en la misma situación. Por pura timidez no dice nada. Duerme en el hotel y al día siguiente se marcha malhumorado porque se ha sentido engañado y además no lo ha comunicado.

Una tercera persona, C, le explica al recepcionista la situación y le pide, amable pero asertivamente, disponer de una habitación como la que esperaba. Comunica una petición razonable con la emoción adecuada y en el momento adecuado. Al día siguiente C se irá satisfecho, seguramente porque habrá logrado dormir en una habitación más cercana a sus expectativas, y en cualquier caso por haber sido capaz de gestionar su emoción de una forma satisfactoria.

Cuando un buen orador es, además, un buen gestor de sus propias emociones, nos encontramos ante una persona con una mayor capacidad de acción; es decir, con alguien más "poderoso".

Desarrollar la habilidad de gestionar bien nuestras emociones no solamente nos ayuda a comunicarnos mejor con los demás sino que influye directamente en que consigamos aumentar más las parcelas (o momentos) de felicidad en nuestras vidas, y por supuesto la de aquellos inocentes mortales que nos rodean y pagan las consecuencias de nuestras torpezas en la gestión de nuestras propias emociones (véase el capítulo 2: "La relación con nuestras inseguridades").

La expresión/exposición eficaz

Buena parte de este libro se centra en desarrollar nuestro potencial en la expresión y exposición de los mensajes cuando se tiene que hablar en público. También hay que mejorar la comunicación escrita y visual, que no abordaré por no ser mi especialidad ni objeto de este libro.

El seguimiento: después de la exposición

Cuando hablamos en una reunión o presentación, en general iniciamos una acción para algo.

> Es importante hacer un seguimiento y obtener *feedback*
> sobre la acción que hemos iniciado.

Tanto si da una conferencia como si hace una presentación o participa una reunión, hay un propósito detrás; por eso digo que iniciamos una acción, y como tal acto iniciado, es muy conveniente y aconsejable saber qué efecto ha tenido en aquellos que nos han escuchado. Pedir *feedback* (opiniones) sobre ello es una manera de medir el alcance de nuestro propósito inicial. Las maneras de pedir *feedback* pueden ir desde la simple escucha de opiniones —si las hubiera; si no las hubiera, habría que preguntar— hasta los breves cuestionarios de opinión (que se utilizan en algunas charlas o presentaciones) o una llamada o encuentro posterior en el que se pide opinión sobre cómo fue recibido el acto que se ejecutó (la conferencia, presentación, reunión). Repito: medir el impacto de las exposiciones es una manera de aprender, crecer y conocer mejor las diferentes expectativas de las personas.

Entrenar la escucha (con todo lo que comporta a nivel de percepción), la empatía, la gestión emocional, así como la manera de ser más efectivos con el lenguaje, y aprender de la medición del impacto que tenemos en los demás, no solo mejorará mucho nuestra comunicación, sino que nos permitirá disminuir la distancia entre lo que decimos que hacemos y lo que verdaderamente hacemos (porque ser un buen comunicador invita a la autenticidad).

2 La relación con nuestras inseguridades

Los malos *softwares*

En primer lugar, debo aclarar que lo que voy a denominar malos *softwares* es lo mismo que en *coaching* se llama creencias limitantes (es decir, que cierran posibilidades). Son, pues, pensamientos que damos por ciertos y que reducen nuestra capacidad de acción. En mayor o menor medida, los tenemos todos. Lo relevante es que podemos entrenar nuestra capacidad de observarlos y desmontarlos o cambiarlos por otros que nos abran nuevas posibilidades y aumenten nuestra capacidad de acción. Los malos *softwares* influyen de manera directa en nuestros miedos e inseguridades (y en muchos casos serán su causa) y por tanto en nuestra capacidad de actuar. Un mal *software* muy concreto y al que va dirigido este libro es, por supuesto, aquel que dice: "Yo no puedo hablar bien en público" o "Yo no sirvo para hablar en público".

Un origen frecuente de los malos *softwares* es la tendencia a generalizar porque una o dos veces hayamos realizado una acción mal (o por debajo de nuestras expectativas o de las de los demás). Por ejemplo: "Es que hablé una vez en público y me salió fatal", "Jugué al tenis y lo hice de forma deplorable"; dicha tendencia a generalizar es nefasta, puesto que nos lleva a la renuncia de la ejercitación y por tanto de acceder a la habilidad (sea cual sea). No quiero decir con esto que todo el mundo tenga habilidad para cualquier cosa, pero sí debemos manifestar que antes de tirar la toalla hay que permitirse un mínimo de intentos (a Monserrat Caballé le dijeron que no servía para cantar, por ejemplo). Lo llamativo es que la opinión que más descalifica es la nuestra (la que nos hace abandonar); hay una hermosa frase anónima que dice: 'Intentando lo imposible se consigue lo posible". No pido que todo el mundo tenga la voluntad de un Colón para descubrir América, pero sí que nuestro número de intentos antes de renunciar a algo sea un poco mayor (para tener más fundamento sobre nuestro potencial); esta perspectiva (no rendirse a la primera, ni a la segunda) permite que la vida sea más fascinante y que nos parezca muy corta para desarrollar el enorme potencial que podemos alcanzar en múltiples áreas. Yo suelo decir que una vida da para muy poco, y el genial Charles Chaplin lo definió mucho mejor cuando dijo: "Todos somos unos aficionados. La vida es tan corta que no da para más".

Como se puede observar, hay una fortísima conexión entre los malos *softwares* y los juicios precipitados sobre lo que podemos hacer o no. Estos juicios rápidos pueden proceder de nosotros o de los demás ("No sirves para cantar", ¿y si Monserrat Caballé se lo hubiera creído?). La contramedida para los juicios rápidos consiste en buscar un mínimo de recorrido histórico en que basarse; es decir, que se haya intentado al menos un número verdaderamente representativo de veces.

Contramedidas para algunos malos *softwares*

A lo largo de mi vida profesional en el mundo artístico, me fui acostumbrando a trabajar con los niveles de inseguridad de los actores y bailarines (tanto en los espectáculos como al impartir cursos o clases) y fui desarrollando una cierta facilidad para dirigir la concentración de las personas a lugares en donde encontraban pequeños logros que iban creciendo paulatinamente.

Fui descubriendo aspectos del ser humano trasladables a cualquier área. Por ejemplo, al montar coreografías, actuar, utilizar la voz o entonar una canción, era relativamente frecuente encontrarse con comentarios de la siguiente índole:

- "Bueno, yo no tengo ritmo."
- "Me falta coordinación."
- "Este tipo de paso se me da muy mal."
- "Es que tengo muy mal oído."
- "Yo desafino desde que era niño."

Todos ellos son claros ejemplos de malos *softwares* o creencias limitantes; mi trabajo consistía en demostrarle a la persona que su concepción de sus propias posibilidades era errónea. Y en un muy alto porcentaje lo lograba; con algunos me llevaba más tiempo que con otros, pero los resultados eran casi siempre muy positivos y sorprendentes para la persona.

Este trabajo me permitió descubrir un mecanismo que tenemos los seres humanos. Aunque parezca increíble, en un altísimo porcentaje el principal obstáculo para conseguir algo SOMOS NOSOTROS MISMOS: nuestras creencias erróneas, que damos por ciertas; los "malos *softwares*".

Mi entrenamiento consistía en invitarlos a jugar con *softwares* diferentes: que no buscasen resultados, sino simplemente que jugasen y se concentraran en lo que tenían que hacer. De esta forma conseguía alejarlos de su mal *software* y lograba que entraran en otros mundos de posibilidades propias.

En las situaciones en las que mis clientes tienen que hablar en público, el *software* más común que encuentro, para mi absoluto asombro, es:

- "Espero que no se aburran con el tema que traigo."
- "Les voy a soltar mi rollo cuanto antes, no sea que se aburran."

¿ ¿ ¿ ¿ ¿ ¿ ? ? ? ? ? ? [Es una forma de manifestar mi estupor.]

Le invito, querido lector, a que piense y me responda lo siguiente: ¿existe algo aburrido? Se lo pregunto de otra forma: ¿hay algo en el universo que no merezca un mínimo de interés? Creo que el verdadero problema (dejando aparte los gustos) no es que algo sea aburrido, sino que no sabemos encontrarle el interés.

Por eso, para vencer nuestras inseguridades en este campo:

> Es básico, antes de presentarse ante cualquier auditorio,
> responderse a esta pregunta: ¿qué voy a aportar de valor a estas personas?

Y no vale la respuesta: "Es que en realidad me lo ha mandado mi jefe(a)". Esto no debe ser una excusa para no hacerlo bien, para ahorrarse el trabajo de desentrañar qué hay de interesante en lo que tenemos que explicar. Ya que tiene que hacerlo, y no lo puede cambiar, ¿por qué no intenta hacerlo bien?

Insisto: prácticamente cualquier tema tiene algo de interés; si no lo percibe a primera vista, investigue y descúbralo. Se sorprenderá al encontrarlo, y esto le permitirá, además, colocarse ante el auditorio con la actitud poderosa de quien sabe que lleva un regalo.

Ejemplos de malos *softwares* y contramedidas:

- Mal *software*: "Yo no puedo…".
- Contramedida: avance pasito a pasito y verá cómo poco a poco lo va consiguiendo. Si lo ve muy difícil, busque asesoramiento para avanzar gradualmente.
- *Software* adecuado: "Si me lo propongo, poco a poco podré hacerlo".
- Mal *software*: "Es que los voy a aburrir" o "No quiero aburrirlos".
- Contramedida: aclarar lo que aporta de valor e interés. Si usted es capaz de ver lo valioso o interesante de su tema, ¿por qué no van a poder advertirlo sus oyentes?
- *Software* adecuado: "Les voy a aportar algo de su interés".

El miedo

"Miedo: sentimiento de angustia ante la proximidad de algún daño real o imaginario". Por mi parte, no tengo nada que decir cuando esa proximidad es ante un daño real, pero lo increíble y fascinante (aunque desagradable) es que en una gran mayoría de los casos ¡el daño es imaginario! Está en nuestra mente y somos presas de un mal *software*.

A la hora de hablar en público hay muchos y diversos miedos: desde pensar que se hace muy mal (en general) a creer que porque uno se quedó una vez en blanco le va a volver a pasar, estar convencido de que le tiembla la voz (en la mitad de los casos ni se nota y lo que hace falta, desde luego, es una ejercitación de la voz), o que se va a quedar paralizad@, o que todo el mundo va a ver cómo le tiemblan las rodillas o el pulso, o que se van a dar cuenta de que no merece estar allí, o que los que le escuchan saben mucho más que usted, etcétera.

En este fascinante capítulo en el que hemos de entrenarnos todos, me gustaría contribuir a que tome conciencia de lo siguiente:

- El miedo es un "compañero de viaje".
- El mecanismo del miedo y su contramedida.
- El sentido de la culpabilidad y su contramedida.
- El miedo racional e irracional y sus contramedidas.
- La importancia de las pequeñas victorias (astucia para el entrenamiento).

El miedo: un compañero de viaje

Dado que podríamos decir que el miedo o los miedos son una constante que aparecerá en varios momentos de nuestras vidas, invito a que los observemos como compañeros de viaje.

No se trata de deshacerse de ellos, sino de aprender a vivir con ellos, siendo eficaces y sufriendo lo menos posible. Pasemos a contemplar su mecanismo.

El mecanismo del miedo y su contramedida

Observe que cuando aparece el miedo o la inseguridad, se repite casi siempre el siguiente mecanismo: nos conectamos con nuestra mente, aparece un pensamiento negativo sobre lo que puede pasar y hay una consecuente pérdida inmediata de "poder", lo que llamamos pre-ocupación.

Es un mecanismo automático; por eso, lo verdaderamente difícil es romper con el automatismo que nos lleva a focalizar toda nuestra atención en el pensamiento negativo, en el "lado oscuro de la fuerza".

La contramedida consiste en dirigir toda nuestra atención y concentración hacia la realización de una acción (no pensamiento). Cuanto más nos concentremos en realizar la acción lo mejor que podamos (*ocuparse*), más se alejará nuestra atención del pensamiento (*pre-ocuparse*). Resístase a dejarse arrastrar al lado oscuro de la fuerza:

la pre-ocupación. Sólo le restará fuerza y seguridad, y además no le aportará nada práctico.

DEBE ENTRENARSE en un mecanismo sobre el que tiene poder, y cuanto más lo ejercite, más cosas conseguirá.

> PRE-OCUPARSE (se conecta con la mente, aparece el pensamiento y pierde poder, se conecta con su interior).
> Contramedida: OCUPARSE (conectarse con el exterior haciendo algo útil).

Se trata de entrenar su poder de dirigir la concentración a un lado u otro.

La diferencia entre un "poderoso" (en el sentido de que es alguien que no es presa de sus miedos) y un "no poderoso" (que sí es presa de sus miedos) es la mayor o menor habilidad en dirigir la concentración a un lado u otro. Eso es lo que hay detrás.

Ejercítese. Le sorprenderán, poco a poco, los resultados.

Si en alguna ocasión, a partir de que empiece su entrenamiento, no consigue cambiar su foco (de la pre-ocupación a la ocupación), tampoco se castigue, perdónese y recuerde que todos los días sale el sol (tiene oportunidad de volver a ejercitarse).

El sentido de la culpabilidad y su contramedida

No sienta culpa por tener miedo, pero sí la responsabilidad de no dejarse atrapar por él.

> Nadie es culpable de su primer pensamiento.
> Pero sí es responsable del segundo pensamiento.

El ejemplo que suelo utilizar para entender de una manera más concreta el mecanismo y la contramedida, así como el primer y segundo pensamiento sobre el miedo, es el siguiente:

> No soy culpable, ni me siento culpable, por pensar que me voy a matar cuando me subo a un avión; no lo puedo evitar, me pasa; pero sí soy responsable de mi segundo pensamiento. Como ya

me conozco mucho mejor, me digo a mí mismo: "Bueno Harold, ¿ya empezamos como siempre?". Y en vez de seguir pre-ocupándome (conectado con mi mente) me ocupo y observo cómo es la azafata o azafato que me ha tocado en el avión, cómo son las personas que están cerca de mí, en qué tipo de avión estoy…

En esta acción de redirigir mi atención se producen dos fenómenos extraordinarios: al ocuparme me alejo de pre-ocuparme (por tanto, me distraigo y se me va, o se reduce, el miedo) y además no me siento mal porque ya sé que nadie es culpable de su primer pensamiento.

El miedo racional e irracional y sus contramedidas

Hay que tener cuidado con el componente irracional del miedo. Es interesante observar y darse cuenta de que muchas veces el miedo es irracional e incluso nos lleva a creer que sucederán situaciones que no responden a la lógica: que se rían de nosotros, que perdamos el puesto de trabajo, que no nos vuelvan a llamar, que caigamos en desgracia, que nos quedemos mudos, etcétera. Son situaciones que casi con toda seguridad NO van a darse.

En estos casos, hemos sido presas de lo que denomino el "componente irracional" del miedo; sentimos miedo o inseguridad muy palpable (incluso con repercusiones físicas como temblores, desequilibrios respiratorios, voz quebrada o extraña y otras manifestaciones), pero inmediatamente debemos ejercitarnos en la contramedida.

En el momento en que usted aplique la contramedida, sin darse cuenta, estará creando puentes a las posibles soluciones o contramedidas.

> Cuando se sienta presa del miedo, pregúntese a qué le tiene miedo.
> Y oblíguese a ponerle palabras concretas a lo que tiene miedo.

Para ilustrar este entrenamiento puedo comentar lo que sucedió durante una de las sesiones de *coaching*. En un momento determinado del encuentro, el cliente me dijo:

–Harold, es que no sé expresar con palabras lo que siento.

Le respondí:

—Imagínate que sí lo sabes y ponle palabras, inténtalo.

Lo relevante para mí es que si mi cliente no sabe ponerle palabras a lo que le pasa, no sabe lo que le pasa; está siendo presa de la parte irracional y tiene miedo, inseguridad o sensaciones "en general", pero no concretas. Y el universo que hay detrás es tremendo ya que, por ejemplo, podrían caber —según el caso— preguntas como: "¿Y cómo quiere que su equipo lo entienda?" o "¿Cómo quieres que tu pareja lo entienda?" (hablando de tú o de usted, dependiendo del código con el que mi cliente se encuentre más cómodo).

Por eso es importantísimo que cuando nos sintamos presas del miedo, sepamos mantener abierta la línea del diálogo con nosotros mismos y nos obliguemos a ponerle palabras concretas al miedo que sentimos.

Pueden aparecer respuestas como: "Tengo miedo de que piensen que no estoy preparad@", "Tengo miedo a decir una tontería" o "Tengo miedo a no estar a la altura...". En el momento en que concretamos con palabras el miedo, aparecen las posibilidades de contramedidas; si el miedo es a no estar preparado, la contramedida es ¡¡¡prepararse!!! Y si no tuvo tiempo para prepararlo, aprender de la situación y activar la contramedida en la siguiente presentación o reunión (siempre hay otra oportunidad y, si no la hay en ese contexto, la puede haber en otra similar en el futuro).

Puede ocurrir que tome conciencia de que tiene miedo y en realidad no hay un motivo específico para ello; lo cual será positivo, porque está siendo presa del miedo irracional y, al menos, sabrá que es un miedo estúpido (es mi forma de denominarlo) y que se está dejando atrapar por la sensación, cuando objetivamente no hay motivos para ello.

Hay miedos racionales y lógicos, como, por ejemplo, a que te hagan una pregunta cuya respuesta no sabes, a quedarte en blanco, a encontrar problemas técnicos o de logística, a disponer de una información inadecuada, etcétera. En este caso, las contramedidas son, básicamente, de dos tipos:

- *Tomar de antemano todas las medidas que estén a nuestro alcance.* Es decir, reducir las posibilidades de conflicto mediante la previsión: preparando las preguntas que no nos gustaría que nos hicieran, llevando el equipo técnico con repuestos, ensayando para mostrarnos seguros, etcétera.

- *Entrenarse contra los imprevistos.* Desarrollar/entrenar las siguientes contramedidas, muy efectivas e importantes para cuando se encuentre ante algo imprevisto a lo que no sepa responder o ante lo que no sepa reaccionar:

  a. *La pausa.* En cualquier situación imprevista, permítase hacer una pausa en la que pueda consultar su instinto y su sentido común y buscar la manera más adecuada de reaccionar. Si la encuentra, reaccione o comunique a su auditorio lo que piensa. Si no, acuda a la siguiente contramedida.

  b. *Ganar tiempo.* No se trata de no contestar, sino de aplazar la respuesta para poder expresarla con soportes que tengan fundamento y con una visión más completa del tema. En realidad es pedir tiempo para poder dar una mejor respuesta, lo que en general se agradece (casi invitaría a considerarla una práctica de profesionales responsables).

  c. *Eliminar el mal* software: "Tengo que tener respuesta para todo". ¿Cree usted que alguien tiene respuesta para todo? Le recuerdo la célebre frase de Sócrates: "Sólo sé que nada sé" (o "Sólo sé que no sé nada"). Los sabios suelen meditar su respuesta y cuando no la tienen suelen admitirlo con humildad (aunque hay que admitir que esta estrategia puede, a veces, no ser la conveniente, dependiendo de la situación).

¡Cuidado con nuestra inercia occidental hacia la eficacia, que nos lleva a creer que debemos tener respuesta para todo!

Si no sabe algo y le compromete declararlo, al menos gane tiempo e investigue, pero NO se sienta mal; no tiene por qué conocer todas las respuestas; es más positivo investigar las que no sabe, pues enriquecerán su vida y profesión.

La importancia de las pequeñas victorias

En esta ocasión voy a empezar relatando un ejemplo y después explicaré la magnitud de este importante ejercicio.

Hace unos dos años estaba acabando el periodo de formación de una de mis colaboradoras (Concepción Gallén, a quien llamaré a partir de ahora Conchi), psicóloga, coach y con una dilatada experiencia como formadora (además en el área de ventas); en el último período de la formación le pedí que se viniera unos días a verme "en acción" con la intención de que me viera interactuar, aunque ella posteriormente debería hacerlo a su manera. El primer día, al acabar la formación en las oficinas de mi cliente, nos dirigimos a cruzar la Avenida de América (ancha avenida en la que solo se puede cruzar a través de un puente peatonal elevado, al menos en la zona en donde nosotros nos encontrábamos). De repente Conchi se detuvo y me dijo:

–¡Ay, Harold! No puedo.

–¿No puedes qué? —le pregunté.

–No puedo subir a un paso elevado.

–Caramba, Conchi, pues tenemos un pequeño problema, pero no te preocupes que se puede dar la vuelta por otro lado, aunque la vuelta es realmente muy grande.

–No… si lo que yo digo es que… ¿puedo agarrarme a ti como una lapa?

–¡Por Dios! Sin ningún problema.

Y así cruzamos el primer día el puente, con Conchi agarrada a mi brazo como una lapa. El segundo día, al llegar al puente peatonal, le propuse:

–¿Qué te parece, Conchi, si subes las escaleras a un metro, o cincuenta centímetros, de mí, y cuando veas que ya no puedes aguantarlo más te vuelves a agarrar a mí como una lapa?

Ese día llegamos hasta arriba de las escaleras, separados, e incluso Conchi avanzó tres o cuatro metros sola.

El tercer día hicimos lo mismo y Conchi llegó, casi, hasta la mitad del puente.

El quinto y último día Conchi cruzó el puente sola, si bien es verdad que yo caminaba a su lado a una distancia de un metro.

> Es importante que en nuestra ejercitación para gestionar
> nuestros miedos (nuestras elecciones para "ocuparnos")
> nos planteemos pequeñas victorias; ellas nos permitirán adquirir
> confianza y nos irán dando poder para ir creciendo.

Con más frecuencia de la que se pueda suponer, escuchamos el tono de desencanto o de renuncia en la voz de quien nos contesta a la pregunta "¿Lo has intentado...?" diciendo: "Sí, sí... si ya lo he intentado y es inútil". Si la situación lo permitiera, sería interesante averiguar cómo lo intentó.

Las personas suelen buscar las grandes victorias, pero también hay que desarrollar la astucia de elegir victorias a nuestro alcance.

Elegir una victoria fuera de nuestro alcance nos puede llevar al desánimo o la renuncia, y, además, no significa que no tengamos el poder para conseguir cosas sino que nos hemos exigido demasiado en un momento dado.

Dicho de otra manera:

> Descubra su poder de "dar un paso".
> Concéntrese solo en dar ese paso.
> Consiga una pequeña victoria.
> Lo importante es que ya está avanzando.

El miedo como oportunidad

Como casi todo el mundo, he tenido que enfrentarme a muchos miedos. Me considero una persona miedosa, a pesar de que algunos amigos cercanos opinan lo contrario y me ven como un valiente.

He sentido miedo y excitación (unos días más y otros menos) antes de empezar un espectáculo o dar una conferencia o hacer una demostración de alguna habilidad en la que me iban a ver o escuchar y sentía que me juzgarían. Un día, hace muchos años, leí una entrevista al cantante David Bowie. Una de las preguntas era:

—¿Tiene usted miedo al salir al escenario?

Y, para mi sorpresa, la respuesta fue:

–Sí, y con los años más, pero una vez que doy el primer paso en el escenario hago lo que tengo que hacer.

Esta respuesta fue una especie de revelación para mí. Descubrí dos cosas muy importantes:

- Hasta los más grandes sienten miedo.
- A pesar del miedo se puede ser perfectamente eficaz.

Hay también una frase que me ayuda mucho: "No hay nada en la vida que merezca la pena que no produzca miedo". Le invito a que repase sus propias experiencias y analice los momentos más excitantes de su vida. Observe si había alguna dosis de miedo.

Incluso en situaciones normales o cotidianas se puede sentir miedo o inseguridad; por ejemplo, en una fiesta con desconocidos, una reunión de trabajo, una cita con un chico o una chica, una presentación en público, etcétera. Casi me atrevería a afirmar que tener miedo es incluso estimulante, ya que lo tenemos porque estamos viviendo una situación potencialmente interesante. Visto así, también me atrevería a afirmar que es más preocupante no tener miedo a nada (una de dos: o tiene una enfermedad psiquiátrica o simplemente está seguro pero no le está pasando nada potencialmente interesante).

Piense que, por lo general, lo máximo que puede hacerle el miedo es paralizarlo. NO se lo permita nunca. Dé un paso pequeño. Mil pasos después habrá avanzado un buen trecho, pero de momento concéntrese solo en dar ese pasito.

El miedo NO se quita. Por tanto, creo que es erróneo dirigir esfuerzos a que desaparezca. Es mejor intentar neutralizarlo.

El miedo es una oportunidad que nos da la vida para desarrollar una habilidad que lo neutralice.

Práctica
++/+++ Entrenamiento para neutralizar el miedo

Lo importante no es entenderlo; la vía racional no ayuda mucho. ¡Lo importante es ejercitarlo! La vía de entrenamiento es la que ayuda. Aunque ya está explicado, lo resumo y recuerdo:

> Paso 1. Aceptar ese miedo (es lo que nos pasa).
> Paso 2. Focalizar nuestra atención/concentración en otro sitio (una acción que nos aleje del pensamiento). OCUPARSE en vez de PRE-OCUPARSE.
> Paso 3. Concéntrese solamente en el siguiente paso (pequeñas victorias).

El entrenamiento que propongo consiste en aprender a vivir con el miedo. Curiosamente en muchos casos se irá reduciendo cada vez más y puede que en algunos llegue prácticamente a desaparecer; o, dicho de otra forma, con el entrenamiento aprenderemos a desarrollar una contramedida para que el miedo no nos gane tantos asaltos. Y para conseguir que incluso cuando no se vaya podamos seguir siendo eficaces, que es, a fin de cuentas, lo que importa.

Los nervios

Los diferencio del miedo porque los considero más bien como una manifestación física de éste: en la respiración, una sensación en la boca del estómago, en el pecho, temblores en las piernas… Intentar que desaparezcan totalmente los nervios puede que no sea la mejor opción. Conseguir disminuirlos un poco es más fácil de lograr.

Práctica
++/+++ Entrenamiento para los nervios

Para disminuir los nervios existen diversas técnicas, de las que enumeraré alguna a continuación. Lo verdaderamente importante es descubrir qué técnica es la que le funciona a usted.
    Posibles contramedidas:

- Respiraciones profundas u otras formas aprendidas de relajación a través de la respiración: yoga, tai chi, viayam, qi gong o chi Kung, etcétera.
- Trabajo con imágenes. En esta sección las posibilidades son amplísimas, y serán válidas aquellas que le funcionen a cada uno. Por ejemplo:

—Imaginar que se lo explica a un familiar (novi@, mujer, marido, amig@s, etcétera).
—Imaginar que los que están delante son bebés con pañales.
—Imaginar que lo ha hecho muy mal y que esta vez es la segunda oportunidad.
—Imaginar que se lo expone a un auditorio que no sabe nada del tema.

Las imágenes anteriormente mencionadas sólo son algunas de las que mis clientes me han ido contando que utilizan.

> Investigue qué técnica le ayuda a reducir los nervios (cada persona es diferente y lo que funciona con una no tiene por qué funcionar con otra).

Una vez descubierto el sistema que le reduce a usted los nervios, céntrese en la acción (ocuparse) y en el buen *software* (en lo que tiene para ofrecer, no en lo que le falta):

- Recuerde que usted no es "transparente" (siempre es más lo que usted siente que lo que la gente puede apreciar).
- Los nervios no dejan de ser energía: hay que aprender a canalizarla. Cuando son excesivos nos pueden impedir ser eficaces; por eso es importante que tenga un sistema propio para reducirlos un poco. Una vez conseguido, concéntrese en la acción (ocuparse). Como decía David Bowie: "Haga lo que tiene que hacer" (esté como esté, concéntrese en hacer lo que debe hacer).

Los entrenamientos anteriormente descritos sirven para miedos y nervios que no se encuentren en el terreno de la patología (es decir, traumas). Mi opinión es que incluso en esos casos podrían ayudar mucho, pero esto es simplemente una intuición y una conjetura.

Creerse transparente

Esta sensación tiene que ver con otro mal *software*: "Todo el mundo se da cuenta de que tengo miedo (o de lo que estoy pensando o de lo que me pasa por dentro)".

A quien tenga este pensamiento le tranquilizará saber (los actores aprendemos a diferenciarlo muy bien) que no tiene por qué coincidir lo que sentimos con lo que comunicamos. Conocí a un compañero actor que tuvo que salir al escenario para hacer reír al público el mismo día en que murió su madre. Y no se trata de mentir, sino, nuevamente, de dirigir la atención al sitio que usted elija. Hay un principio no escrito de respeto y generosidad que aprendemos los actores: "El público NO tiene la culpa de lo que nos pase". Por eso, la inmensa mayoría hacemos todo lo que está en nuestra mano para que el auditorio nos perciba bien, aunque tengamos que ponernos una o dos inyecciones para el dolor.

Un buen consejo es concentrarse en ser generoso: piense en su audiencia y no en lo que le pasa a usted, dele a su audiencia lo mejor de sí mism@, aquello que pueda aportar de valor.

Una distinción de *coaching*: venderse *versus* ofertarse

En *coaching* llamamos distinción a una herramienta (generalmente un concepto) que nos permite diferenciar o ver cosas que antes no podíamos apreciar.

Elegir la palabra "herramienta" es muy acertado porque estos nuevos conceptos nos permiten "operar" mejor en/con nuestro entorno.

Veamos, pues, la distinción entre venderse y ofertarse:

VENDERSE:

- *Software* usual: "Es que yo me vendo fatal a mí mism@".
- Mecanismo: la persona que se vende focaliza en lo que le falta ("Cómo puedo yo decir estas cosas si no tengo experiencia, o mi auditorio es más experimentado, su edad, su estatus, títulos, formación...").
- Consecuencia: pérdida de poder.

OFERTARSE:

- Mecanismo: la persona focaliza en lo que sabe que tiene y las otras personas no.
- Consecuencia: mayor autoconfianza y poder.

Y, nuevamente, podemos observar el mecanismo y tenemos la opción de dirigir nuestra atención a un sitio o a otro.

Sé que lo entiende, pero eso no le será demasiado útil. ¡Ejercítelo e insista!

Recuerde: a bailar se aprende bailando. ¡No se arrepentirá!

La actitud

¿Cómo definir la actitud? El diccionario dice: "disposición de ánimo". También la define como "postura del cuerpo humano". En mi opinión, sumaría las dos definiciones y diría que es una disposición de ánimo que tiene claro reflejo en la postura del cuerpo.

Cuando interactuamos con los demás es muy importante activar una buena actitud (porque se siente y se ve). ¿Conoce a alguna persona que siempre que la ve o la saluda tiene una visión negativa sobre las cosas? Y después de algunos encuentros, ¿le apetece ver a esa persona?

¿Se imagina que los actores saliéramos al escenario comunicando todos nuestros miedos e inseguridades? Un día podría tener su gracia, pero más veces no sería tan gracioso porque ya tiene usted suficiente con los suyos y los de su entorno. Dicho de otra manera, en general a todos nos agradan las buenas actitudes; cuidado, que si son excesivamente buenas y despegadas de la realidad del entorno, podría provocar desconfianza, pues también es una cuestión de medida y equilibrio.

¿En qué ámbitos sentimos que nuestro nivel de comunicación es más alto? La respuesta general suele ser: con los amigos y con los seres queridos. ¿Y qué factor se da en esos momentos de alta y buena comunicación? Pues que a los amigos o seres queridos les contamos las cosas.

Las presentaciones también se "cuentan", no sólo se sueltan. Lo segundo es lo que haría un mal profesor (me refiero al profesor que se centra en soltar el discurso que trae preparado, más que en si lo que dice provoca alguna reacción en sus alumnos y en cómo afecta a su relación con ellos). Contar es una actitud con la que es fácil sintonizar; soltar no lo es.

> Acostúmbrese a "contar" a su audiencia el contenido que lleva.
> Evite "soltar" el contenido.
> Lo verdaderamente importante es la relación/interacción
> que sea capaz de crear con aquellos que le escuchan
> (la presentación sólo es el medio).

En la distinción contar/soltar hay un componente de actitud (hablar como a los amigos) y también un componente de buen uso de la voz. Lo sugestivo es que cuando cuente las presentaciones ganará en eficacia y le ayudará a que le perciban más segur@ (aunque se sienta vacilante internamente). En cambio, si suelta las presentaciones, pueden ser percibidas como dichas de memoria o con mucho conocimiento pero poco interés por el auditorio.

Y por supuesto, siempre está el nuevo poder que está ejercitando al focalizar su atención en algo (ocuparse), porque cuando se pre-ocupa pierde poder en todas las áreas (que es normalmente lo que hace creer a las personas que ellos no pueden o no están dotados para hablar en público).

Un concepto similar al de "contar *versus* soltar" es el de "comunicar *versus* informar". Le animo a que comunique, no a que informe (a menos que sea una elección estratégica, y aun así, pregúntese si puede hacerlo comunicando). En la información hay una traslación aséptica de determinados datos o ideas.

En la comunicación debe estar activo con su auditorio, "vigilante" de cómo incide en ellos lo que usted expone y cómo su personalidad (su "fuerza", aquello que lo hace a usted únic@ y diferente a los demás) "viaja" hacia ellos. La prioridad es la comunicación con quienes tenemos delante; la presentación solo es un medio para conseguirla.

Por otra parte, cuando se habla de actitud, entre los formadores se habla de las tres E como claves para hablar bien en público:

- *Energía*: deberá ser algo mayor que en la vida cotidiana. No es adecuado hacer una presentación con la energía cotidiana porque el simple hecho de hablar en público requiere más energía; cuando uno se dispone a correr o a nadar la musculatura no está con la energía habitual, pues de forma automática los músculos se disponen para usar más; cuando se habla en público necesitaremos más aire y algo más de energía en la voz y actitud.
- *Entusiasmo*: el que proviene de la convicción en lo que se transmite, aunque a veces la convicción consista en transmitir una duda importante que se plantee para ser considerada.
- *Empatía*: escucha activa del auditorio e intención de acercarse a sus "códigos". De este punto tan importante volveremos a hablar más adelante.

Además de la tres E utilizo dos imágenes que suelo sugerir y que repercuten en buenas actitudes:

- *"Espíritu de geisha"*. Comunicamos para hacer un regalo o proporcionar un buen servicio que —a corto, medio o largo plazo— repercutirá en el beneficio de quienes nos escuchan; no es al 100 por ciento, pero incluso cuando comunicamos malas noticias, muchas veces son medidas momentáneas en busca de un beneficio mayor a medio plazo. Este concepto lo retomaré en la actitud cuando nos hacen preguntas.
- *"Humildad"*, ni de más ni de menos. Cuando sea invitado por su conocimiento y experiencia en un tema, intente huir de la clase magistral, pues hace que se coloque en un plano superior a la audiencia. Le invito a considerar que, aunque sus

conocimientos y experiencia sean superiores en esta área, los de ellos serán mayores que el suyo en otras.

Hablamos de contener nuestros egos y hablar más de igual a igual (actitud muy bien recibida por la mayoría de los mortales). Le confieso, como estímulo, que es un elemento que me he tenido que trabajar y que aún sigo trabajando. Merece la pena, pues se gana en empatía, comprensión y cercanía.

No se trata de que haga o controle todo a la vez —las tres E más el "espíritu de geisha" más la humildad más todas las cosas que va a ejercitar con este libro— sino de que pruebe y aprehenda aquello que le ayude a usted.

SEGUNDA PARTE

CÓMO EMPLEAR EN LA PRÁCTICA LAS HABILIDADES PARA HABLAR BIEN EN PÚBLICO

3 ¿Qué queremos que pase? ¿Para qué hablamos?

Si cuando elaboramos una presentación utilizamos la metáfora del viaje, tendríamos que reservar un lugar para el mapa, pues es un elemento importante para saber a dónde queremos dirigirnos, las rutas posibles y las elecciones más adecuadas.

En cambio, si para una presentación usamos la metáfora de una construcción (casa u otro edificio), tendríamos que dejar un espacio para los cimientos, las diferentes plantas y las vigas maestras.

En ambos casos, me podría usted objetar que hay viajeros que no usan mapas o que conoce a algún constructor que lo hizo todo sin planos, simplemente trasladando la obra desde su cabeza. Admitiendo que tiene razón, le invito a considerar las penalidades y contratiempos del viajero que no utilizó mapas. Aunque a posteriori lo llame, con satisfacción, "aventuras", el placer viene de los aprendizajes obtenidos, lo que no evita las penalidades, obstáculos y momentos de posibles angustias.

La gran mayoría de viajeros o constructores profesionales (le recuerdo que este libro pretende que usted obtenga resultados profesionales) utilizan mapas de rutas o planos de construcción, simplemente porque facilitan la labor y hacen más probable la obtención de un buen resultado.

Lo que llamamos estructura o "mapa de ruta" se podría resumir de la siguiente manera:

> Aclarar el objetivo y cómo lo vamos a alcanzar
>
> +
>
> Aclarar qué regalo dejamos (qué aportamos de valor)
>
> +
>
> Elegir en qué orden desvelamos nuestros resultados y mensajes
>
> +
>
> Sintonizar con el auditorio
> (tener claro, y en cuenta, el perfil de nuestra audiencia)

- *Aclarar el objetivo y cómo lo vamos a alcanzar* nos ayudará en la elección del camino que queremos seguir y saber a dónde queremos llegar.
- *Aclarar qué regalo dejamos o qué aportamos de valor* repercutirá en el "poder" con que entremos a la sala, en la gestión de nuestras inseguridades y en un impacto más positivo (en el siguiente apartado hablaré del entrenamiento sugerido para aclarar nuestro propósito y qué aportamos de valor).
- *Elegir en qué orden desvelamos nuestros mensajes* nos permitirá sopesar cuál es la disposición que más favorece la comprensión de nuestro contenido. También el hecho de presentar el contenido por áreas o paquetes digeribles de información permitirá que sea más fácilmente asimilado por las neuronas de nuestros oyentes.
- *Aclarar el perfil de nuestra audiencia* nos permitirá sintonizar mejor con los oyentes, logrando que les resulte más apetecible escuchar nuestro discurso.

La estructura será el esqueleto que sujete el ser que estamos creando (la presentación). Su dominio del tema y su forma de hablar serán los músculos y la piel de ese ser, pero con estos últimos no basta: sólo conseguirá verdadero impacto si además tiene un esqueleto en el que apoyar su musculatura.

Un buen presentador se plantea un objetivo concreto. Acudir sin un objetivo también es lícito, pero estará de acuerdo conmigo en que es jugar a la aventura (lo que en momentos muy puntuales puede ser procedente).

Hablar de lo que conocemos y dominamos nos da confianza, pero incluso en ese supuesto será mucho más efectivo si lleva un orden. Este consistirá en darle al contenido la coherencia que consideremos adecuada para que nuestro auditorio comprenda mejor las cosas, explicándolas por áreas y conceptos.

> Un mapa de ruta o estructura adecuada no sólo repercute
> en un impacto más positivo del contenido.
> Repercute también en el manejo de sus inseguridades
> (por tanto, en la forma).

La claridad en el objetivo y en lo que podemos aportar

> Si no se tiene claro el objetivo y lo que se aporta de valor,
> no habrá un propósito en la acción de comunicar.

Cuando pregunto a mis clientes sobre el objetivo de sus presentaciones, la mayoría me hace un relato. Pocos son capaces de decírmelo en una sola frase.

Sin embargo, si consigue concretar y sintetizar le dará una mayor claridad de su cometido e influirá positivamente en cualquier imprevisto que tenga que afrontar.

Como comenté en la contramedida para cuando nos sentimos atrapados por el miedo irracional, oblíguese a ponerle palabras concretas a su objetivo e intente resumirlo en una sola frase (dos como mucho, si el objetivo es doble). Si no sabe exponerlo en pocas palabras, no sabrá lo que quiere. Si necesita un relato para explicarlo, eso es que no lo ha concretado.

Sintetizar y concretar le cuesta a todo el mundo; independientemente de cuál sea su capacidad, si la ejercita crecerá, no lo dude.

Práctica
++/+++ Entrenamiento con las tres preguntas
(Para aclarar el objetivo y entrar en la sala con "poder")

Como pequeño truco de eficacia hay que responderse a las siguientes tres preguntas. Tiene que resumir cada respuesta en una sola frase (aunque, como he comentado, puede haber casos excepcionales de dobles objetivos, en cuyo caso podrá usar dos frases). Sintetizar, concretar con el lenguaje, es una habilidad directiva que hay que desarrollar.

- *¿Qué objetivo tengo?* Cuando se haya contestado, inmediatamente debe "hurgar" en la esencia y pasar a la siguiente pregunta.
- *¿Para qué?* Normalmente el verdadero objetivo está tras esta pregunta. Si sigue sin ver una respuesta clara, puede volver a preguntar "¿para qué?" a su respuesta (y así sucesivamente, hasta que realmente averigüe para qué va usted a un lugar a decirle a una serie de personas lo que les va a decir); habitualmente con cuestionarse una, dos o tres veces (yo lo llamo *hurgar* hasta encontrar el verdadero objetivo) se suele encontrar el objetivo.

  Resulta interesante observar que lo que la mayoría de las veces mis clientes declaran como el objetivo suele ser lo que yo llamo "el camino" o "el cómo" (véase el ejemplo unas líneas más adelante). El verdadero objetivo se encuentra en "el para qué".
- *¿Qué "regalito" llevo a los que me van a escuchar?* Es decir, en qué les beneficiará oírme. Esta pregunta puede a veces coincidir con el objetivo. Es una pregunta fundamental, por eso me gusta llamarla "la pregunta del "poder". De hecho, no se debería ir a ninguna presentación, ni entrar en ninguna reunión, sin tener clara la respuesta a esta pregunta. Incluso, cuando damos una mala noticia, puede ser un regalo (para evitar pérdidas mayores a la empresa, para empezar una recuperación...). En cualquier caso, debe obligarse a aclarar qué "regalo" lleva para su audiencia, ya que esto influirá definitivamente en cómo expresará sus ideas y cómo se sentirá con ellas.

> Aportar valor = aclarar en qué beneficia a sus oyentes que le escuchen
> y transmitírselo en el código que ellos entienden.

Dos ejemplos sobre la claridad en el objetivo

Ejemplo 1:

–¿Cuál es su objetivo?
–Informar de la situación en Etiopía.
–¿Para qué?
—Para que los voluntarios sepan lo que se van a encontrar. [Observe que aún falta el para qué.]
–Por tanto, ¿viene usted a prepararnos para nuestros primeros conflictos? ¿Nos va a ayudar a tener un mínimo de conocimiento del terreno y las contramedidas que nos pueden ayudar?
–Sí.

Ejemplo 2:

–¿Cuál es su objetivo?
–Explicar los indicadores económicos a varios departamentos de la empresa.
–¿Para qué?
–Para que entiendan la importancia de los indicadores y sepan qué miden y cómo afectan a sus departamentos. [Esta respuesta ya aclara más la función del ponente.]
–¿Y para qué?
–Para que puedan modificar su trabajo en función de ellos e incluso crear sinergias con otros departamentos.
–¿Entonces viene a explicarnos herramientas e indicadores que nos pueden permitir trabajar mejor en equipo?
–Sí. El verdadero fin es que los departamentos estén preparados para interaccionar mejor.

Por tanto, no es una presentación simplemente para informar (verbo por el que no tengo especial predilección, dada su inconcreción). En este ejemplo vemos que enseñar el significado de los indicadores es el camino o el medio, pero no el fin.

Saber la importancia de lo que hacemos nos permite ejecutar mejor nuestro rol y nos aleja totalmente de pensamientos inadecuados como "vaya rollo que tengo que soltar".

He puesto dos casos muy simples pero que revelan la importancia de aclarar el objetivo para que todos conozcan el rol que el presentador cumple. Cuando una persona sabe que lo que hace es importante y por qué, lo normal es que se sienta más gratificada y que desee hacer mejor su trabajo (lo prepara mejor y lo ejecuta mejor). Tomar el timón del barco es mucho más práctico que dejarlo a merced de las olas.

> Tener un objetivo claro repercute en la eficacia, en el ánimo con que se dicen las cosas y en la asertividad con que se percibirá.

Práctica
++/+++ Entrenamiento para el "camino" a seguir
(El orden de la presentación)

Consiste en aclarar las ideas pilares de su exposición (no suelen ser más de dos o tres, puede que cuatro o cinco, pero en cualquier caso muy pocas). Estas ideas base reciben el nombre de *key-messages*.

Insisto mucho en que el orden de la preparación sea el siguiente:

- Principio (es decir, cómo va a abrir o empezar la presentación o reunión). Hay que tenerlo MUY claro.
- Idea base núm. 1.
- Idea base núm. 2.
- Idea base núm. 3.

El hecho de dividir los mensajes en áreas o sectores los hace más comprensibles. Cada área tiene que estar conectada con el objetivo global. El orden de las mismas se definirá con el objetivo de facilitar la comprensión de la conclusión. A veces puede ser una pregunta abierta; por ejemplo: "Esta es la situación. Ahora, de las opciones planteadas ¿cuál creen ustedes que se adecua más a sus propósitos?". Es decir, abrimos un debate.

Independientemente de esto, podrá desarrollar la presentación en veinte, treinta o cien diapositivas, las que usted considere necesarias y oportunas, pero es aconsejable que sean sintéticas. Hay una máxima importante:

> Los mensajes más simples son los de mayor impacto
> (es lo más difícil pero lo más efectivo).

Si la presentación es, a la vez, el documento que hay que entregar al cliente, le sugiero hacer una versión 2 de la presentación (la que presentará) y entregarle la versión 1 (con más información) al cliente, pues usted no necesita todos los detalles para presentarla.

Doy por hecho que aportará razones en pro o en contra, es decir, que "justificará" sus argumentos con datos y hechos verificables; de otra manera, solo reflejará su opinión personal.

Dos momentos especiales

Tener claro el mapa de ruta, el orden de la presentación, nos reportará múltiples ventajas, en la propia eficacia y en la relación con nuestras inseguridades; por tanto, no es solamente un trámite a cumplir; para lucirse en la forma, es un requisito previo dominar el contenido. Le aliento a que cuide mucho dos momentos significativos que, por breves, se suelen descuidar: el principio de la presentación y el final de la misma.

Sobre el principio de la presentación

No es casual que todos los manuales de hablar en público aconsejen aprenderse de memoria las dos o tres primeras frases de la presentación/reunión. Y es que el principio de una presentación es muy importante, ya que los seres humanos tendemos a "juzgar" a las otras personas en el primer minuto de contacto (y lo que es peor, a mantener esa opinión en el tiempo, pues cambiar una primera mala impresión es difícil).

En algunos casos, aprenderse esas primeras frases de memoria puede ser contraproducente, pues si la persona no se acuerda de la palabra exacta puede quedarse bloqueada. Como contramedida, le aconsejo que se aprenda de memoria lo que se quiere comunicar (el mensaje) y tenga una palabra-ancla para empezar el párrafo; de esta manera, solo se depende del mensaje y de la palabra-ancla.

En otros casos, la memoria es lenta y no hay que desistir si a la tercera o cuarta vez todavía se le olvida. Habrá quien necesite hasta diez o doce ensayos. La contramedida "ancla + mensaje" es para aquellos casos en que, a pesar de las repeticiones, resulta casi imposible aprenderlo.

Tener muy claro el principio le ayudará en la gestión de la inseguridad que se siente en los primeros momentos, le ayudará a dirigir mejor su foco y a ocuparse en vez de pre-ocuparse.

Tener muy claro el principio le permitirá concentrarse en su audiencia y no dudar de lo que dice.
Transmitirá credibilidad y solidez, incluso si no las siente.

Posibles principios

En mi opinión, las formas de empezar se podrían dividir en dos grupos:

- *Principios directos.* Son los más usados. Algunos manuales estadunidenses aconsejan: "En sesenta segundos apáñeselas usted para saludarnos, que todos sepamos quién es y para qué estamos aquí". Este tipo de principio es muy utilizado, por su eficacia y su rápida forma de ir al grano. Normalmente conlleva tres "paquetes" de información:

   1. *El saludo.* "Buenos días a todos y todas", "Es un placer estar aquí hoy con ustedes", etcétera.
   2. *Quién es usted.* Su nombre, puesto y empresa; o referencia de especialidad. En la mayoría de casos resulta pertinente,

pero en ocasiones no (cuando todo el mundo le conoce y sabe quién es o cuando ha sido introducido previamente).

3. *Para qué nos reunimos.* Se trata de preparar a la audiencia para entrar en materia; por tanto, hay que indicar la dirección en que usted desea que presten su atención. Normalmente es el título de la presentación y lo que se pretende con ella. Puede haber matices dependiendo de la presentación y el contexto en el que ocurran las cosas: negocios, política, luchas de poder, etcétera.

Recuerde que son tres "paquetes", por lo que debe hacer al menos una pequeña pausa entre ellos, de lo contrario, perderá impacto (esta referencia la entenderá más claramente cuando lea el capítulo dedicado a la oratoria y realice entrenamientos al respecto).

• *Principios indirectos.* Son aquellos en los que se empieza con una anécdota, una historia, una pregunta abierta a la audiencia, etcétera. Los caminos indirectos suelen dejar ver la "sensorialidad" del presentador (cómo describe las cosas, cómo las siente) y normalmente ese simple hecho generará empatía en una buena parte de la audiencia.

Cuando algunos manuales recomiendan incluso utilizar chistes, a lo que verdaderamente están invitando es a enseñar nuestros "poderes humanos" (nuestra sensorialidad, lo que nos hace gracia o no, lo que nos gusta o no). Lo relevante es que la anécdota, el chiste, la pregunta, la pequeña historia, finalmente tenga una relación fuerte con el objetivo de nuestra presentación (por tanto, le dará coherencia y no será gratuit@).

Sobre el final de la presentación

También debe usted plantearse qué final desea para su presentación. Tenga en cuenta que las últimas palabras que diga serán las más cercanas para nuestro cerebro y por tanto las más fáciles de recordar.

Hay varias formas útiles:

• Repetir objetivo general.
• Resumir en líneas o frases (recapitular brevemente).

- Destacar la palabra o frase que lo resume todo.
- Abrir un debate.
- Aclarar los próximos pasos.
- Tenga cuidado con las despedidas y finales abruptos.

La ley de Hollywood:
"Una buena película debe empezar de tal manera que te den ganas
de ver la siguiente escena".
(Cuidar el principio, prepararlo bien.)
"Un buen final puede hacer que una película mediocre sea recordada
y un mal final que una buena película se olvide».
(Cuidar y preparar el final.)

Práctica
++/+++ Entrenamiento para el control global de la presentación

---

Haga el ejercicio de colocar todas sus diapositivas en un "mapa mental"
que quepa en una página (carta normalmente).

Suelo preguntar a mis clientes por qué creen que alguien llega al puesto de directivo incluso si tiene bajo su mando a personas más preparadas que él; de hecho, si yo fuera directivo no dudaría en seleccionar colaboradores con más preparación que yo.

La respuesta es que un directivo tiene una mirada global sobre el área que dirige y a la vez una notable capacidad de síntesis.

Para controlar nuestra presentación tenemos que actuar como si fuésemos directivos y aplicar esa mirada global. Una práctica que recomiendo es colocar en una hoja tamaño carta toda la presentación, aunque sea de cincuenta o incluso de cien diapositivas. Para ello se puede usar un mapa mental (los hay de varias clases, aunque el más utilizado es el piramidal). Hoy en día hay programas de *software* que facilitan la creación de mapas mentales.

A continuación vea el dibujo de un mapa mental piramidal. Las ramificaciones que tenga dependerán de las áreas y divisiones que necesite utilizar para su presentación.

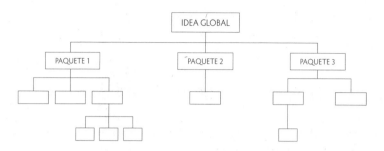

Con esta práctica conseguirá tener un dominio global sobre todas las diapositivas que lleve.

Hay otra habilidad muy importante que practicará con sus presentaciones: *la capacidad de síntesis.* Cuando sintetice y concrete en pocas palabras el objetivo y el regalito, estará también entrenándola; es muy importante para todos y algo esencial cuando tenga que gestionar temas complejos.

Por tanto, al aclarar el objetivo + su regalito y al conseguir reducir toda su presentación a un mapa mental de una página, estará ejercitando dos habilidades importantes y dos características que tienen gran importancia en los puestos de altos directivos: capacidad de síntesis y visión global.

Sintonizar con el auditorio

> Es muy importante utilizar el código de nuestros oyentes
> (o al menos acercarnos en parte al mismo).

Debe tener muy claro el perfil del auditorio al que se dirige. Hay al respecto una célebre frase de Aristóteles: "Las enseñanzas orales deben acomodarse a los hábitos de los oyentes". Y es que para que alguien entienda algo no basta con explicárselo; además, hay que explicárselo con sus palabras.

Veamos un ejemplo sobre el perfil. Hace años una de mis clientas presentaba ante su dirección la nueva ley de la mujer en España, que fomentaba una mayor igualdad de género en los puestos directivos. Mi clienta casi se limitó a leer el texto de la ley, por lo que cometió dos errores:

- Las presentaciones se presentan, no se leen.
- Deben tener un lenguaje cercano al perfil del auditorio.

Los altos directivos, sean del ramo que sean, suelen tener en común una forma de mirar. En el mundo empresarial tiene mucha importancia tomar en cuenta las siguientes dos variables:

- Costos y retornos (a corto, medio y largo plazo), por razones obvias.
- Situaciones políticamente convenientes. Tiene que ver con la imagen que las corporaciones y empresas proyectan en relación con la sociedad o el entorno; considérese, por ejemplo, el esfuerzo que realizan las empresas de hamburguesas o panadería industrial para que parezca que intentan bajar las calorías de sus materias primas, o de las empresas petroleras, cementeras o eléctricas, para hacer ver que no son tan contaminantes como se cree, o las empresas de lácteos con la búsqueda de una imagen asociada a la salud, etcétera.

La presentación aludida habría tenido, muy probablemente, más impacto si mi clienta, por ejemplo, hubiera ofrecido una evaluación comparativa (*benchmarking* o referencia de mercado) sobre diez empresas en las que, en los últimos tres años, hubiera aumentado el número de mujeres en su consejo de dirección y en las que hubiera mejora en la cuenta de resultados. De esta forma la presentación estaría soportada con datos y se habría utilizado un lenguaje más relacionado con el perfil de la alta dirección (costos-retornos y situaciones políticamente convenientes).

4 La administración del tiempo

Durante la presentación, no conozco una manera más sencilla de gestionar el tiempo que mirar el reloj (aunque, como veremos, hay que saber cómo mirar el reloj). Por tanto, le propongo la siguiente práctica.

Práctica
++/+++ Entrenamiento para gestionar el tiempo

Paso 1. Haga ensayos previos en voz alta. Serán un indicador de tiempo aproximado.

Paso 2. Durante el ensayo (y luego durante la presentación) mire el reloj sin disimulo cuando lo precise.

> Hacer ensayos en voz alta y comprobar lo que duran.
> Son pasos básicos para ajustar la presentación a un tiempo determinado.

Formas de mirar el reloj

Algunos de mis clientes tienen mucho reparo en mirar el reloj. Permítanme citar una frase atribuida a Orson Welles: "No hay nada más indecente que el disimulo". Así que si tiene usted que mirar el reloj hágalo serenamente y con descaro (el auditorio entenderá que está controlando su tiempo). Mirarlo con disimulo puede ser mal interpretado y puede parecer que tiene ganas de irse.

Hay gente que coloca un reloj delante de la mesa o el atril; en este caso está enviando un mensaje que dice: "Voy a respetar mi tiempo de exposición"; deberá tener cuidado si no lo hace, ya que puede ser penalizado con más dureza.

También, mientras habla, tal vez pueda ver la hora en los relojes de muñeca de algunos de sus oyentes (aunque dependerá de la distancia; en mi caso es el que más utilizo). Igualmente, algunas salas disponen de un reloj de pared al que a veces es fácil echarle un vistazo. Todos estos recursos son válidos. Lo importante es no excederse en el tiempo asignado, pues puede interpretarse como una falta de respeto. He visto a un brillante presentador haciendo el mismo discurso en dos ciudades diferentes. En una ciudad le aplaudimos muy fuertemente; en la otra, varios oyentes se levantaron y otros le hicieron señales con el reloj. La única diferencia es que en la segunda ciudad su discurso duró media hora más.

> Es importante respetar las expectativas que nuestros oyentes
> tienen respecto a la duración de nuestro discurso.

Qué hacer cuando nos recortan el tiempo

Es más frecuente de lo que se piensa que nos veamos obligados a reducir el tiempo de la exposición por causas ajenas a nuestra voluntad. Ahí se encuentra esa temida frase: "¿Le importaría resumir su presentación en diez minutos?".

La reacción inmediata suele ser hablar más rápido. Craso error. Se verá afectada la claridad de su lenguaje y además tenderá a pegar las diferentes ideas entre sí, por lo que su capacidad de fijar mensajes se verá afectada de forma muy negativa.

En estos casos, lo mejor es pedir uno o dos minutos para reorganizarse (es muy poco tiempo, pero a la vez da el margen suficiente). Aunque lleve cien diapositivas, en esencia no dejan de ser cien soportes para tres o cuatro mensajes. Lo que debe hacer es elegir las ocho o diez diapositivas que va a utilizar (en función del tiempo que le concedan) para apoyar su mensaje, guardarlas como una versión 2 en la laptop o PC y exponerlas claramente, con las ideas bien diferenciadas.

La facilidad para hacer esto dependerá de con qué cuidado haya usted preparado la claridad en su objetivo y su mapa de ruta; o sea, la estructura de su discurso (como ya hemos visto en el capítulo anterior).

Salvavidas para casos de urgencia

Hay un ejercicio que suelo proponer cuando ensayo presentaciones reales con mis clientes. Dure lo que dure la presentación, le digo al cliente: "¿Podría hacer ahora toda la presentación en tres o cuatro minutos?". La primera reacción suele ser de cierta desestructuración o confusión; sin embargo, en la inmensa mayoría de casos es capaz de realizarla en ese breve espacio de tiempo.

Y ocurren, además, dos cosas importantes:

- Mi cliente aclara cuáles son los mensajes verdaderamente importantes.
- Consigue también que se entiendan mucho mejor los mensajes.

Este maravilloso ejercicio de síntesis, por tanto, no solo sirve para tener un salvavidas en caso de que el día de la presentación nos recorten drásticamente el tiempo, sino que además nos permite tener más clara la esencia de la presentación y ayuda a transmitirla de una manera más inteligible.

Recuerde la frase clásica: "Lo bueno, si breve, dos veces bueno".

> Más vale que queden dos mensajes claros que doce difusos.

Otro ejercicio que pido a veces a mi cliente es que lleve una versión 2 de la presentación con el requisito de que dure la mitad del tiempo.

Esta previsión ha sido en ocasiones de una gran utilidad para mi cliente y me ha valido algún e-mail de profundo agradecimiento (el mérito es sólo de una contramedida que debemos utilizar si se dispone de suficiente tiempo para ensayar bien la presentación y, además, poder prever una situación de problemas con el tiempo).

La administración del tiempo

Por muy preparado que se tenga el discurso, siempre puede aparecer un elemento imponderable: una intervención ajena que lleva más tiempo, una explicación que no teníamos prevista, etcétera. Por eso, es importante tener cierta previsión sobre qué podemos sacrificar en caso de emergencia: de qué partes o mensajes podemos prescindir.

Cuando se estrena un programa que se va a repetir y que incluye cierta interacción con la audiencia no es posible saber el tiempo que durará. Por eso será interesante y útil comparar los tiempos reales con los previstos, para las posibles modificaciones futuras.

5 La atención al entorno físico y los ensayos

Hay que adecuarse al lugar. Cada lugar determina un pequeño "universo" propio; no es lo mismo hacer una presentación en una mesa para diez personas que en un auditorio para trescientas o para mil, o en una sala con tarima o con escenario. Y tampoco es lo mismo presentar en una mesa para diez personas en un sitio determinado que hacerlo en otro lugar.

Lo ideal sería conocer previamente el lugar, para adaptarse y evitar sorpresas ingratas, e incluso hacer un ensayo en ese mismo lugar cuando la presentación es muy importante. Si no es posible, al menos conviene tener una idea de cómo va a ser para ir con una composición posible de su disposición espacial.

Práctica
+/++ Espacio despejado

Si en su próxima exposición llega y se encuentra con un espacio que no le permite moverse o que tiene obstáculos (sillas, tableros que no va usar), tenga el descaro de decir "disculpen un momento" y prepare en uno o dos minutos un espacio despejado que permita que el campo visual, a la pantalla y a su persona, esté libre para todos y que usted se sienta cómodo y tenga un margen mínimo para moverse (lo vaya a hacer o no).

Si es usted un alto directivo dispondrá de un equipo que se encargará de realizar esta tarea, pero si, como la gran mayoría de las personas, no dispone de ayudantes, atrévase a no comenzar hasta que haya preparado un espacio que le ayude a ser más eficaz (no arreglarlo le puede significar tener un menor impacto sobre los oyentes).

La contramedida razonable en estos casos es llegar antes de la hora y disponer de un cierto margen de reacción.

La optimización de los tres elementos

En general, siempre que vaya a hacer una presentación (sobre todo si es de pie) tendrá que relacionarse con los siguientes tres elementos más el espacio:

- Una pantalla.
- Una computadora portátil.
- Un proyector (o más).

Si al llegar dispone de un espacio limpio, en el que moverse sin obstáculos, y la colocación de los tres elementos mencionados es óptima para la sala, perfecto. Si no es así, tómese un tiempo, incluso si ya está la gente, para colocar estos factores de modo que le favorezcan.

Si los tres elementos están situados de forma óptima, observe en qué espacio se encuentra, sus posibilidades de movimiento y los puntos críticos (es decir, aquellos en los que tapa la visión de la pantalla a sus oyentes o en donde no todo el mundo le ve).

Relación con la computadora portátil y el cañón

A veces le colocarán la computadora portátil de manera que cuando se acerque a ella para pasar las diapositivas entrará en el campo visual de sus oyentes, si no dispone de un pasador con conexión *bluetooth*. En estas ocasiones suele bastar con recolocar la computadora en un sitio más adecuado o pedir que le traigan una pequeña mesa que le permita ver bien el aparato, pasar las diapositivas con facilidad (si lo hace manualmente) y dejar el campo visual libre. Todo ello favorecerá la recepción de sus oyentes y su presencia en el espacio. Si no se ha percatado, observe cómo se montan los mítines políticos, las juntas de accionistas o las presentaciones importantes en su propia empresa.

Si no trabaja en una empresa, compare qué relación espacial con la computadora portátil y el cañón favorece más al presentador.

También, a veces, hay que colocar el proyector (cañón) en un sitio más adecuado (cuando es movible y no está en un lugar fijo en el techo). En este caso basta con acercarlo o alejarlo, o moverlo a la izquierda o a la derecha unos centímetros para que todo fluya mucho mejor.

Son detalles relativamente fáciles de arreglar y que influyen en el devenir de nuestra presencia y comodidad en la presentación. Cuídelos.

No dé por hecho que la persona que ha dejado colocados los medios técnicos los ha dispuesto de la mejor manera, pues es muy probable que ni siquiera tenga experiencia en hacer presentaciones y ejecute mecánicamente lo que suele hacer todos los días; por lo tanto, los aparatos pueden encontrarse más o menos en su lugar, pero no de la forma más óptima para su presentación.

Relación con la pantalla y el auditorio

Si tuviera que establecer una regla le diría que se coloque donde termina el rectángulo o cuadrado de luz de la proyección (puede coincidir con el marco de la pantalla o a veces es más pequeño) y trace una perpendicular desde la pantalla, que, como mucho, sea tangente a su hombro (si se separa más, mejor aún). Si no lo hace así estará usted en medio del campo visual de alguno de sus oyentes.

Además, cuando se relacione con la pantalla, deje parte de su torso al auditorio y, para poder ver bien la pantalla, gire su cuello. NO se coloque de perfil (es una regla básica del lenguaje no verbal) porque las personas de ese lado no se sentirán atendidas.

Adecuado (dejar parte
del pecho y girar el cuello)

No adecuado
(ponerse de perfil)

Mirar la pantalla o la computadora portátil

Idealmente, 70 por ciento de la mirada debe estar con el auditorio, pero habrá momentos en que le interesará mirar a la pantalla por alguno de estos dos motivos:

- Quiere que su auditorio se fije en algo concreto.
- No recuerda lo que viene y necesita mirarlo. En este caso tiene dos opciones: mirar la pantalla o mirar la computadora portátil.

A veces, mirar rápidamente la computadora portátil que tenemos delante nos sitúa o nos recuerda lo que vamos a decir. Como práctica ocasional es buena, pero si se abusa de ella, el oyente verá a alguien que necesita muy reiteradamente bajar los ojos para ver qué viene después y lo interpretarán como menor control sobre el contenido.

Mirar a la pantalla descaradamente tiene la virtud de que puede enmascarar la acción de no saber lo que viene después con el hecho de "compartir" con el oyente lo que hay en la pantalla.

Mi consejo es combinar las dos opciones. Y si ha cometido el error de no haber estudiado su presentación, "pescará" el contenido de forma algo más disimulada si mira a la pantalla grande en vez de a la del portátil.

De la misma manera, es importante comprobar la diapositiva de detrás porque, a veces, se puede estar hablando de una diapositiva mientras el público está viendo otra.

Los ensayos

Si preguntamos a un bailarín, acróbata o actor de teatro cómo ha conseguido su virtuosismo, la respuesta mayoritaria será: "Ensayando y ensayando". Los ensayos marcarán la diferencia entre una exposición discreta y una brillante.

En el mundo del espectáculo, los ensayos son las repeticiones que se hacen de partes del espectáculo o del espectáculo entero para lograr una mayor efectividad cuando, posteriormente, se realice delante de una audiencia.

Son, por tanto, pura acción.
También es una repetición en la que se busca:

- Dominio de lo que se dice y hace.
- Comodidad: cuanto mayor es el dominio, la atención se puede dirigir a otros intereses (en nuestro caso, a nuestra manera de decir las cosas, captando la reacción de la audiencia a nuestras palabras).
- Encaje de otros elementos que interactúan con nosotros: otros presentadores, elementos audiovisuales, intervenciones o acciones, etcétera.
- Prever situaciones conflictivas (con algunos directivos con los que he trabajado hemos ensayado la presentación en varias sesiones y su equipo me preparaba la lista de preguntas que le "hacían daño").

La voz y el cuerpo pertenecen al área sensorial; por lo tanto, al igual que se hace en cualquier acción física (cantar, actuar, bailar, practicar deporte), es preciso ejercitarla para hacerlo bien. ¡Encuentre un hueco para ensayar su presentación!

Una forma útil y sencilla de ensayar es grabarse y visionarse, ya sea solo el sonido o también la imagen. Tenga cuidado de no centrarse solo en la parte negativa durante el auto*feedback*. Piense en que su auditorio le verá más globalmente y no dirigirá la mirada solo al "defecto".

> Hasta los presentadores brillantes ensayan
> cuando las presentaciones son importantes.

Es parte de mi trabajo, se lo puedo asegurar, no es algo de lo que me haya enterado por otras personas; lo que ocurre es que no se suele difundir, seguramente por no querer dar la sensación de que el buen resultado obtenido es producto de un trabajo, lo que rompería en parte la admiración por la estupenda capacidad del orador para hablar en público; dicho de otra manera, hay un punto de coquetería o ego, lo que es comprensible. Pero desde el punto de vista pedagógico creo que se deben difundir estos aspectos.

El presentador que no necesita ensayos (creencias inadecuadas)

En ocasiones mis clientes hacen referencia a una determinada persona que habla muy bien en público, que no prepara los contenidos, que toma una presentación que no ha elaborado y la expone delante de un cliente con un resultado de mucho mayor impacto que el que hubiera tenido la persona que la desarrolló. ¡Un superpresentador! ¡Un superdotado!

Esta rápida lectura del súper-presentador es algo errónea. Sin intentar quitarles ningún mérito a las personas capaces de realizar esta proeza, permítame que desvele los ingredientes que le permiten hacerlo y que usted mismo en algún momento de su proceso de aprendizaje y práctica como presentador podrá también utilizar:

a) La persona tiene muy buen uso de la voz y de su manera de hablar; en la gran mayoría de los casos, todo esto es producto de la experiencia (y en menor medida, como consecuencia de poseer una extraordinaria voz de nacimiento). *Este adiestramiento es de una enorme importancia.*

b) La persona tiene gran conocimiento del área sobre la que se habla, en conceptos generales y en algunos casos detallados que, por experiencia, conoce o ha conocido.

c) Tiene cierto nivel de sangre fría: digamos que tiene capacidad de captar en el exterior lo que se espera de ella, y se permite buscar dentro de su mente y elegir lo más apropiado para decirlo. Este proceso aparentemente tan fácil requiere el entrenamiento de vivir las pausas y las minipausas con tranquilidad.

El mecanismo que sucede en el interior de este súper-presentador es el siguiente:

• Su dilatada experiencia le permite hablar sobre el tema, en líneas generales y con referencias concretas en algún momento.

• En la presentación se dio cuenta en un par de minutos de las dos o tres ideas base (recuerdo que ochenta, cien o cincuenta diapositivas no dejan de ser ochenta, cien o cincuenta soportes para dos o tres ideas; no hay más), pues su experiencia le permite captar rápidamente las ideas-base (los *key-messages* o pilares que mencionamos en el capítulo de estructura).

- En esa misma presentación, se ha dado cuenta de que en la diapositiva número quince, por ejemplo, están los datos concretos que atañen al cliente.
- Su buen uso de las herramientas de la oratoria favorece que se le capte como persona asertiva y creíble.

Y así, con esa capacidad para aunar su conocimiento del área + las ideas-base de la presentación + los datos concretos que le interesarán al cliente + su capacidad —mejor diría entrenamiento durante años— con la oratoria, tendrá delante un "súper-presentador".

Una buena noticia es que algún día usted podrá hacer lo mismo, en mayor o menor medida, no lo dude, pero antes tiene que recorrer el camino que el súper-presentador ha realizado.

Quizá haya sido testigo de cómo un músico —pianista, guitarrista, etcétera— es capaz de tocar una canción que no había interpretado antes, y seguramente le miraría asombrado. El proceso que ha recorrido hasta ese momento, su experiencia, se lo permite; a usted y a mí no, porque no tenemos esa evolución, esa experiencia. Sin embargo, no le quepa la menor duda de que ante un concierto importante, a pesar de su desarrollo, experiencia y talento, ese mismo músico ensayará muchas veces.

Este ejemplo es aplicable también a un bailarín, un actor, un carpintero, un mecánico, un electricista o prácticamente cualquier profesión. No quiero hablar del talento porque sería otro tema y, de momento, en lo que me voy a centrar es en la eficacia.

6 La gestión de preguntas

Es bastante normal que preocupe el hecho de tener que enfrentarse a preguntas del auditorio. Lo primero que sugiero es tener un buen *software* ante las preguntas y tomar las contramedidas pertinentes.

Un buen *software* ante las preguntas

Le recomiendo el "espíritu de geisha", a saber: ¿cómo puedo ayudar mejor a mi interlocutor? Piense en las preguntas como oportunidades para saber cómo puede ayudar mejor a la otra persona y para obtener información sobre sus inquietudes. Ah, y sobre todo no piense que están tratando de examinarle o de ponerle a prueba.

Práctica
+/++ /+++ Entrenamiento para preguntas agresivas

Admitiendo que hay personas que tienen más facilidad que otras, es conveniente entrenarse para poder responder a las preguntas agresivas. Hay que aprender a encajar las preguntas; para ello es útil practicar una técnica muy sencilla:

> Esperar unas décimas de segundo antes de responder.

Este simple truco permite:

- Articular una mejor respuesta.
- Transmitir a su interlocutor que la inquietud que tiene, por muy simple o molesta que parezca, merece su reflexión; por tanto, favorecerá la comunicación de respeto y, en consecuencia, la empatía.
- Aumentar su imagen de *gravitas* (solidez) y serenidad.

En las preguntas agresivas, dependiendo de su perfil de personalidad, pueden aparecer factores como:

- Tendencia a ponerse a la defensiva. Esto le llevará a centrarse en usted y no en la otra persona, que al fin y al cabo es lo importante.
- Excesiva seguridad. En este caso, si se produce un dato que la desmienta, mermará su credibilidad. Este componente puede aparecer con más facilidad en las personas con tendencia a hablar de una forma demasiado asertiva, en las que se capte que todo lo que dice está muy pensado y elaborado, y si surge un dato que desmienta o contradiga, generará una grieta en la credibilidad. La asertividad excesiva puede pasar a ser vista como una careta; ocurre a veces con algunos vendedores, que acaban produciendo el efecto contrario.
- Poca seguridad. También disminuirá su credibilidad. En estos casos, la primera ecuación lingüística —la claridad con el volumen adecuado—, que aporta credibilidad, le ayudará mucho. Véanse las herramientas de la oratoria en el capítulo final del libro.

Estos factores, como digo, están muy vinculados a la personalidad; por tanto, no son fáciles de controlar solo racionalmente. El entrenamiento (con *role-playing* o situaciones simuladas) y la experiencia real serán los que le ayudarán a controlar mejor su primer impulso.

Práctica

+/++ /+++ Entrenamiento/contramedidas para preguntas que no se saben responder

Lo peor que puede pasar es que no sepa la respuesta a la pregunta. Cuando se encuentre en esta situación, utilice la contramedida habitual: gane tiempo. Su interlocutor(a), en la gran mayoría de los casos, no le exigirá que le dé una respuesta inmediata. Por tanto, puede decirle algo así como: "Permítame que lo reflexione(mos) y en dos días (tres, una semana: el tiempo que considere conveniente y razonable) le comunicamos nuestra visión al respecto". Se puede hacer de diferentes maneras:

- Admitir que no se sabe la respuesta en ese momento (¿por qué no?) y ganar tiempo. Es un método habitual.
- No admitirlo. Hay contextos en los que puede interesar NO admitir que no sabemos algo, pero también se puede recurrir a ganar tiempo: "Permítanos que estudiemos su caso concreto más en profundidad y en un par de días (o el tiempo que considere prudente) le daremos nuestras conclusiones al respecto".

En líneas generales, ganar tiempo y dar una respuesta adecuada es positivo:

- Satisfacemos, finalmente, a nuestro/s interlocutor/es.
- Conseguimos un espacio para analizar y dar una respuesta adecuada y conveniente.
- No hacerlo así nos puede llevar al error y, por tanto, a perder nuestra credibilidad.

> La estrategia usual cuando no sabemos responder a una pregunta es ganar tiempo y transmitir posteriormente la respuesta que considere oportuna.

Lo anterior es aplicable a todas aquellas situaciones en las que se busque comunicación. En debates políticos o de círculos de poder se tiende más a dejar claro un mensaje (personal o corporativo) y atacar la credibilidad del otro. Obviamente, en estos casos la comunicación con la otra persona no es una prioridad. En el mundo de la política se utiliza, a veces, una estrategia a la que desde luego hay que acudir solo como ultimísimo recurso (no la aconsejaría en el mundo de los negocios), que consiste en salirse por la tangente: responder algo que no se corresponde exactamente con lo que nos han preguntado.

Qué hacer y qué no

Resulta conveniente:

- Escuchar y mirar a quien pregunta.
- Dejarlo terminar.
- Responder mirando a quien hace la pregunta; luego, abrir la mirada al resto del auditorio (la duda de su interlocutor puede ser la de muchos otros y, además, usted se está comunicando con varias personas: atiéndalas) y acabar nuevamente con quien hizo la pregunta.
- Contestar lo más abreviadamente posible, evitando extensiones innecesarias.
- Usar la pregunta para reforzar su mensaje global, si se puede hacer, o crear un "puente" con el mismo. Es muy importante aprovechar esa oportunidad.

No resulta conveniente:

- Actuar como si estuviera pasando un examen. Recuerde el "espíritu de geisha": use sus "poderes humanos" para dialogar realmente con su interlocutor.
- Discutir. Me refiero a discusiones innecesarias que nos alejan del objetivo y nos hacen perder tiempo. En este caso hay que saber reconducir la situación. Si la pregunta está fuera de lugar es relativamente fácil apelar al objetivo de la reunión y decirle a la persona que al final la atenderemos o que nos dé su teléfono para aclararle, en otro momento, su inquietud.
- Halagar la pregunta. Si a alguien le dice "buena pregunta" o "esa es una pregunta interesante" se verá obligado a decírselo a todo el mundo, pues de otra manera, por omisión, parecería que hay personas que hacen preguntas buenas o interesantes y otras no.

7 El lenguaje no verbal

En este capítulo abordaremos un tema que siempre me ha fascinado: el lenguaje no verbal. Se trata de un universo muy extenso y complejo, por lo que lo acometeré de una forma básica y resumida, esperando que de esta manera le resulte de utilidad.

El lenguaje no verbal ha pasado de ser considerado durante mucho tiempo una especialidad esotérica (años 1914 a 1940) a tener respetabilidad científica, y en el momento actual es probable que se esté produciendo un acercamiento mucho mayor del gran público hacia este tema.

Sin duda, aprender más del tema le permitirá una mayor información de las personas y, por tanto, una mayor capacidad de acción o reacción.

Mis propuestas para la ejercitación del lenguaje no verbal

Antes de entrar en este capítulo, le propongo los siguientes cuatro puntos:

1. Sea cual sea su capacidad de captar el lenguaje no verbal (LNV), entrénela y auméntela. Todo son ventajas, pues captar y disponer de más información permite una mayor capacidad de acción o reacción.
2. Si tiene muy poca experiencia o ninguna, no comience su entrenamiento con el lenguaje no verbal si antes no ha alcanzado cierta facilidad con la mejora del lenguaje verbal (o limítese al apartado de LNV básico cuando está hablando

en público). Aunque en algunos casos se puede avanzar simultáneamente, dependerá de cómo funcione usted y con cuántas cosas a la vez se siente cómod@.

Lo que sí debe cuidar es su actitud (disposición de ánimo que tiene claro reflejo en la postura del cuerpo), dado que tendrá repercusión automática en lo que emane de usted (como comenté en el capítulo 2, en el apartado de la actitud).

3. Sea coherente con su propia manera de asimilar las cosas y evolucionar. Aunque al principio le parezca un poco lento, conforme incorpore nuevos hábitos y habilidades su propia capacidad de aprendizaje se irá incrementando. Esto ocurre en todas las disciplinas.

4. Por último, céntrese más, al principio, en captar cómo están los que tiene enfrente que en controlar lo que hace usted. Cuando se encuentre con cierta comodidad captando esas realidades, podrá gestionar mejor lo que usted comunica.

> El primer paso es escuchar = entrenarse en captar.

La primera vez que leí el libro de Desmond Morris, *El hombre al desnudo*, me sentí fascinado y abrumado al descubrir la cantidad de señales que enviamos a través del lenguaje no verbal. Sin embargo, no es necesario convertirse en un erudito como Morris o realizar un estudio en profundidad para empezar a beneficiarse de la ventaja comunicativa que supone mejorar la lectura del mismo.

Para ello, le invito nuevamente a desarrollar su capacidad de "escuchar" (o sea, de captar a su/s interlocutor/es) y a conocer el significado de algunos gestos y posturas básicas. Es un resumen muy breve pero útil. Si deseara usted ampliar sus conocimientos, hay una amplia bibliografía al respecto (reseñaré alguno de los títulos).

> Desarrollar nuestra capacidad de percepción nos permitirá captar información. Ya sea en forma de inseguridades, incomodidades, nerviosismos y puntos débiles, o de señales de satisfacción, aprobación, duda, enfado y muchos otros matices que, a nuestro pesar, comunicamos.

Advertencias

Debo advertirle dos cosas en la ejercitación de la lectura del LNV:

a) La lectura del lenguaje no verbal NO es una ciencia exacta.

- Aproximadamente 20 por ciento de las personas no se ajusta a las reglas generales, lo cual es un segmento considerable.
- No lea el gesto o la postura de una forma aislada. Siempre tenga en cuenta el contexto: lo que ha pasado inmediatamente antes y lo que pasa después.
- Los seres humanos, en situaciones de estrés —por exceso de responsabilidad, por ser la primera vez que hacen algo o por no estar acostumbrados—, a veces nos comportamos de forma distinta a como solemos hacerlo normalmente; por tanto, sacar una conclusión generalizada puede llevar a error.
- Algunos gestos están a caballo entre diferentes categorías. Por ejemplo, cuando una mujer juguetea con su cabello está utilizando un gesto de coquetería, pero a la vez puede ser de autocontacto o autoconsuelo. Esto puede inducir a errores en su lectura.

b) Es importante el patrón de comportamiento.

Leyendo el libro *A primera vista*[5] me resultó muy revelador el consejo que daban los autores: más que el gesto en sí, lo importante es determinar el patrón de comportamiento, pues nos dará una información más precisa. Esta reflexión invita a darnos cuenta de que un gesto que tiene un significado puede perderlo cuando entra dentro de un patrón de comportamiento. Por ejemplo, una grosería se percibe, en general, como algo negativo. Sin embargo, en determinados individuos es un patrón de comportamiento y deja de tener ese significado: en ciertos entornos masculinos

---

[5]   Jo Ellan Dimitrus y Mark Mazarellal, *A primera vista*, Urano, Barcelona, 1999.

los hombres se saludan diciendo "Hola, cabrón" u "Hola, güey", pero no se están insultando, es un patrón de comportamiento dentro de un entorno determinado de individuos que lo utilizan. Esto se puede captar en el tono de la voz y en la calidad de los movimientos corporales o gestuales que le acompañan.

Uno de los más importantes referentes en la investigación del lenguaje no verbal es Ray Birdwhistell,[6] citado en multitud de libros por sus conclusiones y observaciones, que son el resultado de sus investigaciones en la Universidad de Louisville (Kentucky). Birdwhistell argumenta que:

> La comunicación humana se efectúa más mediante distancias relativas, gestos y posturas que por cualquier otro método.

Cuando se comenta que una persona es "muy intuitiva" se está aludiendo a su capacidad para leer mensajes de los signos y combinaciones no verbales de la otra persona y cotejarlos con sus mensajes verbales. Es decir, estamos hablando de su nivel de percepción.

En general, solemos oír que las mujeres son más intuitivas que los hombres, e incluso se ha acuñado la expresión "intuición femenina". Se dice que hay dos factores que la han propiciado: la madre se comunica con los hijos en las primeras etapas del crecimiento con el lenguaje mayoritariamente no verbal. Además, su situación de inferioridad durante milenios las ha llevado a desarrollar una "mano izquierda" que va muy unida a la percepción de las situaciones.

A día de hoy no hay ninguna evidencia científica que demuestre una mayor capacidad en las mujeres, aunque parece probable que su papel de madres y su inferioridad social las haya llevado a ejercitar más el lenguaje no verbal. En cualquier caso, tanto a unos como a otras los animo a ejercitarse más en esta muy completa forma de escucha que es la lectura del lenguaje no verbal.

---

[6] Ray Birdwhistel, autor de *Introduction to Kinesics y Kinesics and Context. Essays on Body Motion Communication*, University of Michigan Libraries, 1952. Puede leerse en internet: http://www.bookprep.com/read/mdp.39015010389719.

Recomendaciones para captar el lenguaje no verbal

Dos recomendaciones para entrenarse en este campo:

1. En una primera etapa, céntrese más en captar el lenguaje no verbal de la otra persona que en observar o entrenar el suyo propio. Le permitirá obtener más información y por tanto mejorará su capacidad de dar una respuesta adecuada (y de paso, como ya mencioné, al concentrarse en algo "de valor" se alejará de la relación con sus inseguridades). En una segunda etapa, cuando su lectura del lenguaje no verbal vaya mejorando, le será más fácil tener un control satisfactorio de sus propios mensajes corporales, pues tener un control total es prácticamente imposible.

2. Si usted ya parte de un buen nivel de percepción, entrénese en captar aún más a quien tenga delante. El crecimiento de la percepción solo se consigue con el entrenamiento, ejercitando el "estar aquí y ahora".

Como estímulo, le puede servir conocer un hecho que experimenté personalmente: el día que decidí *examinar* a mis clientes, en vez de *sentirme examinado* por ellos, me cambió la vida (de nuevo, el concepto que ya conoce: empecé a ocuparme en vez de pre-ocuparme). En el caso de la percepción del lenguaje no verbal hay dos ventajas muy claras:

a) Por una parte, como ya he dicho, se captan datos que puede que le sean útiles en su relación con la otra persona: para entender su personalidad, su forma de reaccionar, sus reservas...

b) Por otra parte, si capta tensiones o inseguridades, tranquiliza muchísimo descubrir que la persona que tiene delante las tiene igual que usted, sea quien sea.

Aclaración: cuando digo examinar me refiero a centrar mi atención en captar; sin embargo, me gusta utilizar esa palabra para hacerle ver que, con relativa facilidad, puede pasar de ser examinado a examinante (cambiar su foco), lo que le será mucho más útil y le dará más seguridad de cara a los demás.

El lenguaje no verbal al hablar en público (de pie)

Como al hablar en público las dos posturas mayoritarias son estar de pie o sentado, voy a hacer consideraciones para cada una de ellas.

Postura + "poderes humanos"

Al cantante y al actor se les enseña a tener una buena verticalidad (un cuerpo bien colocado y recto), ya que favorece la emisión de la voz y la percepción de un cuerpo "dispuesto", cosa que no ocurre cuando los hombros están caídos.

Tener una buena postura es algo que se debería enseñar con el fin de lograr mantenerla durante la mayor parte del día, pero a falta de eso al menos intente sostener una buena postura cuando hable ante una audiencia, pues le ayudará en la emisión de la voz y en la percepción de su elegancia y su vitalidad. No creo necesario hacer un análisis detallado de cómo se deben alinear cabeza, hombros, pelvis y pies, pues estoy seguro de que instintivamente siente cuándo tiene una buena postura y cuándo esta es inadecuada. Si realmente no lo sabe, pida opinión (*feedback*) en su entorno y, entre las opiniones que reciba y cómo se vea en el espejo, seguro que obtendrá elementos de ayuda; si no fuera así, siempre puede consultar a un especialista o recurrir a técnicas como la de Alexander, que profundiza en la adecuada alineación corporal.

Por otra parte, permítame recordarle que siempre debe ejercer sus "poderes humanos", pues en comunicación la gran mayoría de los seres humanos respondemos más a las actitudes que a los contenidos. Su actitud será importante: hablar de igual a igual y no dar lecciones, tratar a su audiencia con respeto, sonreír si hay algún momento propicio, ser comprensivo con las inquietudes o preguntas (sin ponerse a la defensiva), etcétera. Todos estos parámetros no estarán de forma explícita en su guión, pero la gente los captará y desempeñarán un papel determinante.

Respecto a la actitud, suelo comentar: ¿por qué no ser amable si todo son ventajas? Céntrese en su relación con los oyentes, en saber si le están entendiendo, si les convence lo que dice, si tienen alguna duda, si asienten o niegan o se extrañan. Este uso de los poderes humanos, esta actitud, repercutirá positivamente en todo, incluso en su postura, en sus gestos y movimientos.

> Respondemos más a las actitudes que a los contenidos.
> Las actitudes se reflejan en el cuerpo.

En este punto solo hace falta añadir un recordatorio: la actitud es producto de un *software* mental. Antes de una reunión o presentación, sumérjase en un *software* mental adecuado. Ni camine a la sala en la que realizará su presentación ni salga del ascensor pensando en la enorme cantidad de obstáculos que tiene que resolver diariamente y lo injusto que es que su vida tenga que ser así, porque el "hola" que le va a dar a su cliente puede quedar teñido por el *software* que lleva.

Utilice, de nuevo, su poder de focalizar su pensamiento en aquello que le ayude: lo que transporta de interés para su cliente, las ventajas que le reportará, etcétera.

La quietud y el movimiento

Son convenientes los dos, pero no cualquier quietud ni cualquier movimiento. Aunque hay matices culturales y de género, se podría decir en general que la quietud que transmite una imagen formal, sólida y de autoconfianza es aquella en que se reparte el peso del cuerpo sobre las dos piernas, con una separación de los pies más o menos al nivel de las caderas; si los pies están muy juntos, se perderá solidez, y si están muy separados, la solidez aumentará pero será desafiante, lo cual no es conveniente. Una quietud repartida sobre las dos piernas facilitará que tenga usted, de forma instintiva, una mejor postura.

La quietud repartida sobre las dos piernas se percibe como más formal y elegante. Si se desplaza el peso sobre una sola pierna es más informal.

La quietud sobre una sola pierna resulta más informal. Si ser informal es una estrategia para acercarse al auditorio, se trata de una respetable elección, pero cuidado con los automatismos. He visto a muchos directivos "informales" que no sabían que lo estaban siendo; es decir, no era una elección.

Hemos de excluir los casos de cojera, que tienden a reposar el peso sobre una pierna, y, a veces, los de hernia discal lumbar, que obliga a la persona a recolocarse para mitigar el dolor momentáneamente.

En las mujeres, la quietud que desplaza el peso más sobre una sola pierna no se ve tan informal como en los hombres (podríamos decir que tienen más "gracia" que nosotros, y que esto es algo genérico), pero con todo es más elegante, formal y sólida la quietud repartida sobre las dos piernas.

La separación de los pies debe ser la adecuada para que cada persona se sienta estéticamente bien. En el caso de las mujeres, dependiendo de la complexión anatómica de las caderas y la forma de las piernas de cada una, puede quedar mejor tener los pies separados con una distancia similar a las caderas o tenerlos más juntos (sería el caso de mujeres con abductores poco desarrollados y con pantalones entallados: se podría ver la curva de los abductores y unas piernas arqueadas poco estéticas; la contramedida, en estos casos, es fácil: usar falda o pantalones más anchos).

Mi consejo es que cada un@ se mire en el espejo y observe lo que le sienta bien y lo que no.

Por muy poderosa que sea o se sienta la persona, siempre sentirá algo de tensión o incomodidad, como cualquier ser humano en algún momento. Lo que debe hacer es reajustar su postura y ponerse cómod@. Bastará con desplazar el peso a una pierna (puntualmente) o dar un simple pasito adelante, atrás o a un lado. Este proceso se puede repetir varias veces a lo largo del discurso. Si fueran demasiadas producirían un efecto negativo, restarían solidez.

El caballo y el jockey

El movimiento es conveniente, pero establezco diferencias entre el mal movimiento y el buen movimiento. Los suelo llamar "el caballo" y "el jockey":

- *El caballo (o el mal movimiento)*. Cuando era un joven actor que estudiaba en la escuela de arte dramático de Madrid ensayaba la famosa escena de Otelo y Desdémona con una actriz que, además, era mi novia. Llegado el momento del estrangulamiento, me metí tanto en el papel que en un determinado momento me di cuenta de que la cara de mi *partenaire* no era de actuación: ¡la estaba ahogando realmente! Me asusté y aprendí una cosa: el actor no puede convertirse al 100 por ciento en el personaje, pues sería como convertirse en un caballo desbocado.

  El actor es el jockey, que puede dejar correr al personaje libremente pero que en última instancia lleva las riendas; incluso cuando el personaje nos "posee", debemos controlarlo para no hacer daño a los demás ni a nosotros mismos.

  El "movimiento del caballo" se utiliza mucho, con paseítos o paseos continuos hacia adelante-atrás o derecha-izquierda.

Al principio, incluso, parece que la persona está muy suelta, pero después de un minuto ya nos preguntamos: ¿qué le pasa que no para quiet@? En este caso la persona no lleva el movimiento: ¡el movimiento la lleva a ella!

- *El jockey (o el buen movimiento).* Es el que realiza la persona con calidad tal que captamos que es sereno y deliberado. Un secreto: además de sereno también es, en la mayoría de los casos, una respuesta inconsciente a una necesidad que hemos captado; por ejemplo, una persona se distrae y sin prestarle una atención especial, incluso sin mirarla, serenamente nos acercamos a ella: en un alto porcentaje recuperará su atención.

  En este caso, usted lleva el movimiento, lo controla. Eso sí, vaya con cuidado con las distancias: si se acerca demasiado invadirá su "burbuja privada" y, aunque recupere su atención, esto no le ayudará a mejorar la comunicación.

Dicho esto, le invito a que sea un jockey. Lo ideal es combinar la quietud con el movimiento de jockey y con algún cambio de peso o recolocación de postura.

Los *cambios de peso* son muy usuales, pero si se abusa son inadecuados. Es un movimiento parásito y se suele realizar con continuas traslaciones de izquierda a derecha o hacia delante y atrás. Podríamos decir que es también un movimiento "de caballo", aunque en una expresión muy pequeña (no se recorre espacio). Cuando son muchos restan solidez. Usar la quietud sobre una sola pierna favorece que aparezcan (por cansancio, tenderá a pasar el peso a la otra pierna).

No se debe abusar de los cambios de peso o los minipaseítos
(o reacomodarse a cada rato), porque la persona pierde solidez.

Qué hacer con las manos

Como los seres humanos somos muy diferentes unos a otros, será útil aquel recurso que consiga que usted se sienta cómodo. Quiero decir que tendrá que experimentar con los diferentes recursos propuestos y será válido aquel que le funcione (si es que no tiene ya alguno).

Lo que no resulta conveniente es:

- Dejar los brazos laxos a lo largo del cuerpo mientras hablamos.
- Cruzar los brazos (al menos mientras está hablando en público: ¡no lo haga nunca!).
- Los movimientos "parásitos": aquellos que dan información de usted sin que se dé cuenta; por ejemplo, hacerle clic-clic al bolígrafo, frotarse las manos con nerviosismo o manipular reiteradamente un collar.

Lo que resulta conveniente es (dependiendo de matices, que se describen en algunos apartados a continuación):

- *Las manos por delante a su manera*: se trata de disponer las manos por delante según sean sus modos; lo importante es que haya un adecuado equilibrio entre los momentos gestuales (que ayudarán en una mayor intensidad comunicativa) y los de reposo (que transmitirán serenidad y estatus), y en ese equilibrio debe haber coherencia con la personalidad del orador (su talante).

  En general las personas suelen tener cierta coherencia —digamos conexión armónica— en la manera de mover las manos. La incomodidad suele surgir más de estas preguntas: ¿en qué parte las coloca?, ¿cómo hace para tener un momento de reposo con ellas?

  Cuando digo que al hablar en público lo apropiado es poner las manos delante, a su manera, me estoy refiriendo, mayoritariamente, al espacio en la parte frontal de su cuerpo y sus laterales (imagine una elipse delante de su cuerpo, en la que las manos se mueven en recorridos comprendidos, aproximadamente, entre unos 50 cm, en la parte horizontal, y unos 25 en la vertical). Si tomamos unas referencias más anatómicas, se trata del volumen que puede haber entre el final del esternón y la parte superior de las caderas (véase la ilustración). Aunque, por supuesto, ocasionalmente se puede romper este espacio descrito, no es conveniente usar las manos, demasiado, por la zona del pecho o más arriba porque el discurso tendría una connotación de vehemencia, aunque, insisto, algunas utilizaciones puntuales no representan ningún problema.

Las manos por delante, a su manera, es lo más usual. Lo importante es que usted tenga su "punto de reposo"

- *Los momentos de reposo*: son importantes porque ayudan a transmitir serenidad y estatus.
- *Tener algo en las manos*: un bolígrafo, el pasador de diapositivas, hojas, tarjetas, una memoria USB, etcétera. Son recursos generalizados y suelen ser muy útiles. Nótese que hablo de tener "algo entre las manos" y no "algo en la mano", porque esto último a veces provoca que una mano esté viva y expresiva y la otra, la que no tiene el objeto, se mantenga laxa a lo largo de un costado.

  Al objeto en cuestión se le pueden hacer "cositas", pero cuidado con hacerle cosotas. Por ejemplo, el bolígrafo se puede girar suavemente ("cosita") y no llamará la atención; en cambio, si se gira de una forma llamativa y nerviosa le estaremos haciendo cosotas y sí que llamará la atención (se convertirá en un "movimiento parásito", dando información sobre nosotros sin que nos demos cuenta).

  Algunas escuelas indican que tener algo entre las manos es una protección y que NO hay que protegerse. Si de esta forma la persona se siente cómoda, no tengo nada que objetar, pero si se siente incómoda e insegura, ¿no le parece mejor recurrir a un pequeño truco que le permitirá sentirse más segur@ y que hará que los demás le vean mejor?

- *Los gestos de autocontacto.* También se llaman de autoconsuelo (Desmond Morris los vincula al recuerdo de la sensación de seguridad de cuando el niño está en contacto con la mano/piel de los padres). De hecho, las personas que utilizan gestos de autocontacto propios no suelen abrigar la necesidad de tener algo entre las manos. Así, veremos a gente que al hablar en público se coge con una mano un dedo de la otra (o dos, o tres, o cuatro, o los cinco, o se coge una mano con otra o las junta en forma de rezo, o se coge un puño con la otra mano o las coloca "en ojiva", como Angela Merkel). Todas las posibilidades mencionadas son formas de autocontacto o autoconsuelo.

  Al igual que al bolígrafo, a los autocontactos se les pueden hacer "cositas", pero cuidado con las cosotas (se convertirían en gestos parásitos).

- *Mover las manos mucho o poco.* Para dar una respuesta adecuada hay que considerar dos elementos: en primer lugar, lo cultural, pues hay culturas en las que se mueven más las manos que en otras (en España somos más permisivos con el movimiento de las manos, superados por los italianos); en segundo lugar, la coherencia con la personalidad de quien habla (los temperamentos más pasionales tenderán, en principio, a ser más gestuales, y los más racionales a contener más el gesto).

  El movimiento de manos tiene que ver con la gesticulación y adelanto mi consejo (lo aclaro más en el apartado de los gestos) para mis clientes: lo importante es tener un equilibrio entre los momentos gestuales, que intensificarán la comunicación, y los momentos de reposo, que nos ayudarán a transmitir serenidad, solidez y estatus.

- *Apoyos con las manos.* Ya sean someros (falsos apoyos) o descargando más peso (apoyos reales). Es bastante usual interaccionar con atriles, mesas e incluso sillas. Lo mismo que sucede con los objetos que tomamos entre las manos, con este apoyo se pueden hacer "cositas", pero cuidado con las "cosazas". Esos "falsos apoyos" pueden convertirse en apoyos verdaderos, por ejemplo cuando la persona apoya realmente su cuerpo —o parte del mismo— en el atril o en la mesa. Esto estará bien o mal dependiendo del contexto de formalidad-informalidad; en general, hacerlo resulta más informal. Apoyarse descaradamente también puede tener algún matiz de invadir más el espacio de los otros (estará bien o mal dependiendo de la coherencia con nuestro objetivo).

La gran mayoría de formadores en recursos para hablar en público coincidimos en un amplísimo espectro de recomendaciones sobre qué hacer con las manos. Sin embargo, hay algunas áreas en las que se producen ciertas diferencias. Enuncio algunas y manifiesto mi opinión (contrástelas usted con aquello que le ayude a ser más eficaz y que esté más en consonancia con sus propias creencias):

Conveniente o no con las manos; diferentes criterios:

- *Las manos en los bolsillos.* Prohibido por la mayoría y aconsejado por otros. En mi experiencia, he visto personas que con una elegancia natural han conseguido bellos momentos plásticos con una mano en el bolsillo, pero siempre y cuando se ha generado un entorno de confianza (cuando el que habla se ha ganado a su auditorio y, por tanto, se lo puede permitir). En consecuencia, NO se debe utilizar nunca al principio de una presentación, salvo que se conozca a todos los asistentes (situación poco usual en general, salvo que sea una reunión con su equipo o similar).

  Por otra parte, debe ser un gesto momentáneo, pues quedarse con las manos mucho tiempo en los bolsillos podría dar a entender que no se sabe qué hacer con ellas. Ah, y cuidado con los movimientos parásitos con la mano dentro del bolsillo: no estarían bien vistos.

- *Las manos atrás.* Prohibido por la gran mayoría de los manuales, pues se considera que unas manos a la vista generan más confianza que unas que no se ven. Comparto esta idea cuando se trata de auditorios grandes, pero considero que hay tres situaciones en las que puede ser conveniente usar esa postura:

1. Cuando la persona gesticula excesivamente, pues momentáneamente será un descanso para sus espectadores.
2. Cuando el presentador es muy nervioso, tiene movimientos parásitos en las manos y está hablando en una sala pequeña, pues empezar con las dos manos detrás le puede ayudar a transmitir una imagen más serena y ganar en confianza.
3. Cuando el presentador inquiere "¿alguna pregunta?" y se queda esperando, pues entonces es preferible, mil veces, usar este recurso de las manos atrás que el de cruzar los brazos.

Los gestos

La mayoría de manuales para hablar en público nos llegan del mundo anglosajón, que tiene diferencias culturales con el mundo latino. En nuestro entorno cultural se acepta una mayor gestualidad. También varía la gestualidad según el entorno social.

A continuación voy a exponer algunas observaciones que me parecen interesantes y que nos pueden hacer reflexionar. Por ejemplo, la mayoría de los niños entre 1-3 años sienten una curiosidad o atracción mayor por las personas que gesticulan más con la cara (o el cuerpo). Obsérvelo, pues resulta interesante considerar que las respuestas de los niños de esta edad son muy puras; ¿podríamos pensar entonces que la gesticulación les parece más atrayente y comunicativa? También obsérvese que en el teatro clásico español los actores que interpretan a los criados (instintivamente, sin que nadie se los diga) se mueven y gesticulan más; en cambio, los nobles contienen más el gesto. La contención del gesto transmite más estatus social; de ahí, por ejemplo, la antigua costumbre de llamar a los nobles "estirados".

De forma resumida, se puede decir que los gestos reafirman y realzan el lenguaje verbal (de ahí que los bebés se sientan hipnóticamente atraídos por las personas que más gesticulan). Por tanto, resulta muy conveniente ejercitarlos. No obstante, un exceso de gestualidad, aunque sea muy comunicativa, rebaja el estatus social de las personas. Mi consejo es: permítase ser más comunicativo (use gestos) y transmita estatus social (o "serenidad", muy conveniente en el caso de los directivos) con momentos de reposo de las manos.

> El uso de gestos l@ hace más comunicativ@, pero la contención del gesto transmite estatus, *gravitas*, serenidad, solidez.
> Importante lograr un equilibrio entre el uso de los gestos y los momentos de reposo con las manos. (Este equilibrio depende del entorno cultural y social.)

La mirada

Una buena comunicación conlleva cerca de un 70 por ciento de contacto visual (en Occidente y cuando estamos hablando a otras personas). Es importantísimo mirar a nuestros oyentes, salvo en lugares como Japón, donde hay un factor cultural que hace que esta medida no sea conveniente.

Si usted no mira a sus oyentes le percibirán como menos seguro de lo que es, y pensarán que no se preocupa por ellos.

Se ha observado que las personas que tratan de ocultar algo mantienen la mirada menos de 33 por ciento de tiempo de lo que haría una persona que dice la verdad; por eso, cuando el tímido mira menos está permitiendo otras lecturas y puede generar desconfianza.

Es imprescindible mirar a la cara no solo para facilitar la comunicación, sino para convertirse en un ser humano completo. A mí al principio me costaba mirar a la cara de algunos de mis clientes por un miedo que no sabía definir (en aquel momento), pero que existía. Aburrido de esta situación, un día me dije: "Harold, ¿hasta cuándo vas a seguir siendo esclavo de ese mecanismo? ¿Qué puedes perder con mirar y captar la realidad?". Empecé a poner en práctica la mirada y comprobé que en vez de perder gané muchas cosas (entre ellas que empezaron a percibirme como más seguro y creíble). Así que incentívese a usted mismo para romper su círculo automático y abrirse a otros mundos.

Las distancias entre las personas

> La aceptación y el rechazo se encuentran, en una buena parte, en cómo respetamos las distancias con los demás.

Técnicamente se denominan con la calificación de proxémica o proxemia (depende del país o el libro que lea); este concepto fue muy desarrollado por Edward Hall, antropólogo estadunidense, que lo definió como "el estudio de cómo el hombre estructura el microespacio" (*proxemics*). Los especialistas hablan de cuatro zonas o distancias zonales:

1. Zona íntima (de 15 a 45 cm). Es la zona en la que permitimos acceso a los seres queridos (cercanos emocionalmente); la posibilidad del "contacto" late continuamente, o directamente existe.
2. Zona personal (de 46 cm a 1.22 m). Distancia que solemos mantener las personas en el trabajo (oficina) y en las reuniones sociales.
3. Zonal social (de 1.23 m a 3,6 m). Distancia que utilizamos con los desconocidos (electricista, gasero, florista, cartero, tendero, etcétera).
4. Zona pública (más de 3.6 m). Es la distancia que utilizamos cuando vamos a hablar ante un grupo de personas.

Estas distancias son relativas, por supuesto, y varían según la cultura. Por ejemplo, existe un conflicto espacial entre los norteamericanos y los sudamericanos, pues a los sudamericanos les gusta colocarse mucho más cerca. Este conflicto es aún mayor entre los norteamericanos y los árabes, que tienen menos compatibilidad en sus hábitos espaciales.

La mayoría de los europeos (excepto los daneses) y los norteamericanos tienen una "burbuja personal" que está en torno a 46-50 cm. La burbuja personal de los japoneses y daneses está sobre los 25 cm.[7] En una conversación de negocios entre un norteamericano y un japonés, grabada y posteriormente pasada a mayor velocidad, se observa al estadunidense retroceder y al japonés avanzar hacia él. La explicación está en que el estadunidense se siente invadido en su espacio íntimo, en su burbuja privada, y se separa para poder encontrar los 46-50 cm que su instinto le pide. Por el contrario, el japonés busca la comodidad de su espacio personal (unos 26-30 cm) y por eso se acerca al estadunidense.

---

[7] Allan Pease, *El lenguaje del cuerpo*, Paidós Iberica, Barcelona, 1988.

Cuando oímos algunos comentarios sobre las personas que viajan en transporte público, del tipo "Hay que ver la gente que va al trabajo con cara de amargada (o seria o infeliz o inexpresiva)", es en realidad un error de opinión: las personas simplemente reaccionamos a las reglas de la proxémica. ¿Quién va ir con cara de felicidad si siente que su espacio personal es invadido por todos lados?

Cuando un animal se acerca a otro dispone de tres posibilidades: huir, atacar o hacer un amigo. Como huir o atacar (posibilidad que el instinto de supervivencia del animal ponderará automáticamente) requiere que la musculatura esté preparada, las glándulas suprarrenales segregarán adrenalina y los músculos del animal adquirirán la tensión y preparación necesarias para poder huir o atacar si fuera necesario. Los seres humanos, como animales que somos, respondemos a las mismas reglas. Por tanto, las interacciones espaciales con los demás nos despiertan un montón de mecanismos automáticos. Es estadístico, por ejemplo, que hay más violencia en los lugares más poblados, y si bien es verdad que también hay otros parámetros a considerar, la invasión del espacio personal sin duda influye en buena medida.

También hemos visto en las películas cómo los agentes de la ley se acercan mucho a la cara de los presuntos delincuentes cuando los interrogan, repitiendo varias veces la pregunta o haciendo varias interpelaciones (en las técnicas muy agresivas de interrogatorios se llega a dejar desnuda a la persona, con lo que la suma de la desnudez más la irrupción en la burbuja personal hace que las defensas del interrogado se "rompan" antes).

Tenga muy en cuenta que los demás nos aceptarán o rechazarán en función de si respetamos su espacio personal.

El lenguaje no verbal al hablar en público (sentado)

Cuando estamos en reuniones también estamos hablando en público; por tanto, emitiendo informaciones simultáneas: de contenido, de nuestra actitud, de qué tipo de día tenemos, de cómo nos sentimos con relación a quienes nos rodean...

Distinguiría entre reuniones con el equipo —personas que se ven mucho más a menudo— en las que, en teoría, debería haber un ambiente de mayor confianza (una buena observación del lenguaje no verbal nos dará muchas más pistas sobre si lo dicho anteriormente es cierto o no), y reuniones con cliente, en las que hay que cuidar más los mensajes.

Me voy a centrar en las reuniones con clientes porque son el contexto que generalmente hay que cuidar más.

Saludos: ¿dar la mano o besar?

Cuando me lo preguntan suelo revelar la estrategia que, por sentido común —desde mi punto de vista—, tuve que desarrollar.

Se trata de no tomar la iniciativa y esperar unas décimas de segundo (aunque nos parezcan largas son solamente décimas o uno o dos segundos como máximo) para facilitar que la otra persona nos comunique el código. Lo más incómodo que puede pasar es que la otra persona haga lo mismo, por lo que, finalmente, se producirá una situación en la que las dos personas captarán que no saben qué hacer y es fácil que aparezca una sonrisa y ya un principio de relación.

Algunas mujeres dejan el código claro inmediatamente, dando la mano. Algunas de mis directivas me han llegado a comentar, sobre el comportamiento de los hombres: "¿Qué pasa? ¿Que se creen que porque soy mujer tienen derecho a besarme?".

También sucede que, en algunas reuniones, una mujer bese a algunas personas y a otras no; esto es más raro, pero es mejor percatarse si sucediera, para desde luego no tomar la iniciativa.

Si no lidera la reunión y va como parte de un equipo, intente averiguar si va a ser presentado y qué rol cumple en la reunión para que no sienta que está "de más". El simple hecho de saberlo ayuda, generalmente, a que se sienta mejor y que se refleje en su actitud y postura.

En las despedidas es conveniente observar el código que se emplea y respetarlo. Hay reuniones en las que, incluso, puede darse el caso que se digan adiós y nadie se despida —de la forma usual, dándose la mano— para evitar estar unos minutos despidiéndose, cuando el número de participantes sobrepasa las siete u ocho personas; y hay otras en las que todo el mundo juega el rito social de despedidas dando la mano.

Cómo sentarse

- La posición erguida, cuando se está sentado, significa un cuerpo con una energía activa, y transmite que está alerta para no perderse nada del contenido de la reunión. Para lograrla, ayuda sentarse sobre los isquiones —los dos extremos de los huesos, base de la pelvis, que se apoyan en el asiento— sintiendo que la espalda está alineada con ellos.

  Un truco consiste en sentarse con sus nalgas bien atrás en la silla para que además note que su espalda se apoya firmemente en el respaldo y está recta. O al contrario, siéntese un poco adelante en la parte de la silla, para que su espalda no se apoye en el respaldo pero permanezca recta. Los dos pueden funcionar bien, el utilizar uno u otro dependerá de cómo sea la silla y de cómo su cuerpo responda mejor.

- Hay una diferencia genérica en la postura sentada, con repercusión en la lectura de escucha. Los hombres tienen una mayor propensión a escuchar recostados (que se percibe como un menor interés por la escucha) y las mujeres tienden a escuchar con una mayor tensión corporal (que se percibe como una escucha más atenta).

- Cuando se tiene que sentar entre dos personas para hacer su presentación, con papeles o con una computadora portátil, notará que justamente con las dos personas que tiene al lado le cuesta más utilizar su gestión visual de la audiencia (que es algo importantísimo, como veremos en el capítulo 8 de herramientas de la oratoria). Bastará con que retire su silla unos centímetros hacia atrás y acerque sus papeles o su laptop para que mejore inmediatamente su gestión visual y así queden incluidas, dentro de ella, las personas que están a su lado.

- Qué hacer con las manos cuando estoy sentado. Es perfectamente válida la indicación que usamos cuando estábamos de pie, es decir, las manos por delante a su manera, con el equilibrio entre sus momentos gestuales y de reposo. La única particularidad que podríamos añadir es que si, en los momentos de reposo, sus manos están sobre la mesa, tendrá a su favor el elemento de propiciar más confianza (pues las manos a la vista son más de fiar que las que no se ven). Si ha tenido que utilizar la pequeña estrategia de echar su silla —unos centímetros— hacia atrás, para gestionar mejor a la gente que está a su izquierda y derecha, es posible que no le sea tan fácil colocar las manos sobre la mesa; si la silla tiene brazos, apoye los suyos sobre ellos en los momentos de reposo (también quedarán a la vista). Son poco adecuadas las manos que están debajo de la mesa y no vemos; más que porque estén mal, es porque no incluyen el elemento de confianza de manos a la vista. Al igual que cuando está de pie, tanto en sus autocontactos con las manos como en el recurso de tener algo entre las manos, recuerde hacerles cositas y no cosotas.

- La altura de la silla con respecto a la mesa. Si dispone de una silla que se puede elevar o bajar de altura, utilice una altura que le permita no desaparecer y convertirse en parte del mobiliario. Sienta que la altura de la silla le ayuda a que su energía e imagen lleguen claramente a los demás. Esta diferencia es en muchas ocasiones sólo una cuestión de unos pocos centímetros de más altura. Influye bastante en la imagen, así que si puede subir la silla un poco, no lo dude (a no ser que usted tenga un torso muy largo y no lo necesite o que la silla esté con la altura adecuada para su cuerpo).

Posturas y actitudes que influyen en su participación en las reuniones

La actitud de escucha influirá en su postura, y la postura y actitud, a su vez, en su capacidad para participar y reaccionar oportunamente.

Cuando la actitud de escucha merma o se relaja (no quiero decir ya cuando se desconecta), se refleja en la postura.

Un entrenamiento importante para algunas personas —hay otras en las que podría ser el contrario— es participar en las reuniones. Anímese: es importante hacerlo. ¿Por qué? Normalmente transmito dos consejos-guía e invito a una actitud ante la "pregunta-milagro":

a) Si no habla en una reunión no existe.
b) Si habla aporte algo de valor.

Cuando me hacen la pregunta-milagro: "¿Y cómo sé en qué momento puedo hablar?". Siempre respondo que no lo sé, que cada situación es única, pero que hay una actitud que ayuda a que esa ecuación sea más fácil de resolver: esté conectado a la reunión, no se vaya con sus pensamientos a otro lado, ni se relaje porque ya intervino. Si su nivel de escucha es alto, le será más fácil (o menos difícil) saber en qué momento puede o es conveniente intervenir.

Tener una alta escucha no es fácil, pero si la entrena, crece y su capacidad de reaccionar oportunamente también.

Si hace una intervención y observa que su impacto no es adecuado, aprenda de la situación para la próxima vez. No le quepa la menor duda de que todos, en alguna ocasión, hemos dicho algo inadecuado, así que interprételo como aprendizaje (castigarse a sí mismo no va a cambiar la situación y no contribuye a nada positivo para usted).

En cuanto a la mirada, todo lo expuesto en el apartado de la mirada al hablar en público de pie es aplicable aquí. Incluso diría que en las reuniones los contactos visuales tienen más matices.

Dar *feedback* (con el LNV)

En mi experiencia como formador, a veces me han enviado a una persona de la que solo me han dicho: "Hay algo en su manera de comunicar que no funciona bien". Muchas veces el perfil se repetía: persona brillante de perfil tímido.

Algunos tímidos no dan *feedback* con la cara o la cabeza y ponen cara de póquer. Si habla usted con una persona que le pone cara de póquer, antes de un minuto se sentirá algo incómodo, pues no sabrá si le está entendiendo bien o si se está enterando de lo que dice.

Es muy importante dar *feedback*, ya sea moviendo la cabeza, pestañeando, expresando verbalmente (sí, te sigo, hummm, etcétera), parafraseando (repitiendo de igual o similar manera) lo último que ha dicho la persona, sonriendo (si es coherente, claro), etcétera. En definitiva, dar *feedback* facilita la empatía.

Que la otra persona tenga datos sobre cómo digerimos lo que nos dice es importantísimo. Esta respuesta comunicativa se puede estimular en los entrenamientos de habilidades sociales. En los entrenamientos específicos para mujeres, en ocasiones se les dice que no den *feedback* para que no se las vea sumisas. Lo cierto es que en general las mujeres dan más *feedback* que los hombres, pero en este momento están pagando el peaje de la transición a un mundo en el que la mujer está ganando en oportunidades sociales pero donde todavía el imperio dominante es el masculino. Mi sugerencia al respecto es que deben buscar, dependiendo del contexto, un equilibrio entre usar el modo de comunicación masculino en algunos momentos (lo que les permitirá una más fácil aceptación en el entorno masculino de los negocios) y siempre que puedan incorporar su propio código comunicativo para sentirse más ellas mismas y aportarnos el valor añadido de la diferencia. Todas las épocas de transición conllevan su peaje y su mezcla de códigos.

Catálogo rápido de gestos y posturas

No detallo estos gestos para que sean tomados al pie de la letra sino para invitarle a que compruebe si, cuando los ve, responden en un alto tanto por ciento a lo sugerido en su posible significado. Lo verdaderamente importante es que observe y desarrolle su lectura de lenguaje no verbal.

Gestos positivos y negativos

POSITIVOS:
En general, los gestos positivos son fáciles de percibir; por tanto, no voy a dedicarles mucho espacio. Veamos dos:

- *Mostrar las palmas de las manos.* Lo hemos heredado de los primates. Cuando un mono enseña la palma a otro está indicando que no es peligroso. Lo asociamos con lealtad, honestidad, cortesía. (Obsérvese cómo las utilizamos cuando decimos hola y adiós).
- *Sonreír.* Creo que todos hemos oído hablar de estadísticas que demuestran que los vendedores que sonríen venden más. Incluso se aconseja reír más para que su vida sea más feliz. Si entra usted en un café y puede elegir entre el camarero que sonríe y el que no, ¿a cuál se dirige? Sin embargo, NUNCA fuerce una sonrisa: captarán que no es verdadera y obtendrá

el efecto contrario. Hay que permitir que las sonrisas fluyan cuando realmente se sienten (bueno, es posible que los poco acostumbrados tengan que forzarse ligeramente al principio).

NEGATIVOS:

Los gestos negativos no expresan sólo que la persona sea deshonesta o mienta; también pueden indicar incomodidad, inseguridad, protección, conexión solo parcial con la otra persona, etcétera. Hablamos por tanto de una gran cantidad de gestos y posturas.

Recuerdo e insisto en que captar las incomodidades e inseguridades de la otra persona tiene dos estupendos beneficios:

1. Da tranquilidad: vemos que la persona que tenemos enfrente, por muy importante y relevante que sea, también tiene inseguridades e incomodidades y necesita protegerse de alguna manera. Ayuda a descubrir que todos somos seres humanos muy parecidos (con perturbaciones y malestares).
2. Al captar la incomodidad de la otra persona podemos tener cierto margen de acción, si lo deseamos, para transmitir actitudes o realizar acciones que la ayuden a sentirse más cómoda, o sea, para crear un clima más propicio para la comunicación.

Gestos habituales

Hay una serie de gestos habituales en reuniones y que le conviene vigilar para saber cómo va el nivel de atención de su auditorio:

* *Mano cerrada apoyada en la mejilla e índice hacia arriba.* También llamado gesto de evaluación. Si alguien empieza a perder interés, pero desea disimularlo, la base de la palma empezará a sujetar la cabeza (aunque, a veces, se hace también simplemente para sujetar la cabeza, y a veces se utiliza el pulgar para hacerlo). El interés real lo indica la mano apoyada en la mejilla y no la cabeza en la palma. Una estrategia para recuperar atención, si se ha perdido, es agradecer la atención que se está prestando y avisar que

luego se va a hacer alguna pregunta (la tendencia de los oyentes será ponerse más alerta, atender más).

- *Acariciarse la barbilla y otros gestos de similar significado.* Acariciarse la barbilla, así como quitarse las gafas y colocarse una patilla en la boca, indica que quien lo hace está tomando una decisión; el objeto en la boca le permite ganar tiempo y le hace sentirse mejor, provoca consuelo porque entiende que todo el mundo percibe que no puede hablar porque tiene algo en la boca; es su disculpa social.

  Si se le ha pedido a la persona que tome una decisión y los gestos anteriores han sido algo negativos, es mejor no dejarle hablar e invitarle a ver el tema desde otro ángulo más propicio (una vez emitan una decisión negativa, será muy difícil volver a atrás). Si los gestos anteriores han sido positivos, entonces podremos esperar una decisión favorable.

- *Apoyar la cabeza en la mano.* Es un indicador de aburrimiento (la mano sostiene la cabeza para impedir quedarse dormido).

- *Manos en ojiva.* Es un gesto de seguridad, empleado mayoritariamente por los jefes. Se observa mucho en las relaciones jefe-empleado, de lo que se deduce que son usadas por personas que confían en sí mismas. Se realiza colocando las manos hacia abajo en figura de "v" y los pulgares hacia arriba en otra "v" invertida (queda una ojiva). Son personas "superiores" (jefes) que realizan una mínima cantidad de gestos (otra señal de seguridad).

  Suele hacerse ojiva hacia arriba cuando se habla y ojiva hacia abajo cuando se escucha, aunque en mis observaciones he percibido que algunas personas hacen este gesto hacia arriba o hacia abajo indistintamente cuando hablan o escuchan.

En ojiva hacia abajo   En ojiva hacia arriba

Gestos con cruce de extremidades (brazos, piernas, tobillos)

Podríamos decir que los seres humanos, en general, sólo nos sentimos verdaderamente cómodos en entornos seguros (afectivamente hablando).

Observe que cuando se está con personas desconocidas o que se conocen poco es muy usual cruzar los brazos (total o parcialmente) o utilizar los cruces disimulados (la copa o el vaso entre las manos).

Conforme se va estableciendo un vínculo de confianza-comodidad con la otra persona, estos cruces se irán soltando, deshaciendo, y se utilizarán más los brazos.

- *Cruce de brazos.* El siguiente experimento apoya la afirmación de que es una barrera. Un mismo ponente dio la misma conferencia en diferentes universidades. A algunos grupos de receptores se les pidió que no cruzaran los brazos durante la conferencia; a otros no se les dijo nada. Se hizo un muestreo al azar entre los que habían cruzado brazos y aquellos a los que se había pedido que no lo hicieran. Se observó casi un 30 por ciento menos de retención del contenido en aquellas personas que habían cruzado los brazos. Se llegó a la conclusión de que cruzar los brazos es crear un obstáculo, tanto en lo que sale del individuo como en lo que accede a él.

  Se ha observado (es fácilmente comprobable en nuestro entorno) que cuando una persona se pone a la defensiva, o por alguna razón está incómoda o negativa, cruza los brazos. Habrá personas que nos dirán que lo hacen por comodidad; hay que hacerles ver que un gesto no solo afecta a quien lo hace sino a también quien lo lee; así que, si se encuentra cómod@, ¿qué más le da colocarse en otra posición?

  > La persona que está exponiendo no debe nunca cruzar los brazos.

  Es posible que alguno de los que le oyen esté con los brazos cruzados. Si usted puede cambiarlo, estupendo, pero habrá ocasiones en que no lo podrá conseguir.
- *Cruce parcial de brazos.* Es una modalidad algo más sutil que la anterior. Se puede ver de dos maneras:

1. Un brazo se cruza sobre el pecho para tomar el otro brazo (se crea una barrera).
2. Se toman las manos por delante (normalmente por debajo del ombligo).

Este segundo gesto se suele ver en los políticos en las fotos de los periódicos o en la televisión cuando los vemos posando de pie (ante los miembros de la prensa gráfica).

Si en algún momento va a realizar una presentación y se ve en situación de espera, puede recurrir a este último gesto, pues le ayudará a sentirse protegido y no enviará un mensaje de defensa tan contundente como los brazos cruzados. Pertenecería también a los gestos de autocontacto o autoconsuelo, mencionados en el apartado sobre qué hacer con las manos. Morris lo vincula con la seguridad que siente el niño al tomar las manos de sus padres.

- *Cruce de brazos disimulado.* Es parecido al cruce parcial pero con un punto más de sofisticación. Un brazo también se cruza sobre el pecho pero en esta ocasión, en vez de tomar el otro brazo, toma un objeto que está en el otro brazo: bolso, reloj, mancuernillas, el puño de la camisa, etcétera. La variante más usada de este gesto es sostener un vaso entre las manos: fiestas, eventos, comidas en las que se esté de pie, discotecas, etcétera.

- *Piernas cruzadas.* También pueden denotar una barrera y, por tanto, una defensa por incomodidad, o una actitud negativa. Su señal es de menor intensidad que la de unos brazos cruzados. Si al cruzar las piernas la persona las tiene enfiladas hacia su interlocutor puede ser una defensa, pero de momento no va más allá. Si al cruzar las piernas, además, se ladean y se ofrece parte del muslo al interlocutor, se crea una barrera más fuerte.

- *Tobillos cruzados.* Es también una defensa/barrera, más ligera, y el mensaje es de mucha menos fuerza que el de unos brazos cruzados, por ejemplo.

Es una posible opción para una entrevista en la que usted se tenga que sentar en una silla; en vez de cruzar brazos, por la incomodidad que le pueda causar la situación (y, además, emitirá un mensaje muy negativo), puede cruzar solo los tobillos (sentirá cierto alivio y el mensaje que enviará será más positivo al estar más abierto en la parte superior de su cuerpo).

Gestos con la cabeza

El movimiento de la cabeza también es una fuente importante de información.

- *Cabeza neutra.* Es la cabeza que no indica nada (jugador de póquer), en posición normal, vertical, relajada y quieta.
- *Cabeza interesada.* La que se inclina ligeramente. Es un rasgo heredado de nuestra parte animal: observe lo que hace un perro con la cabeza cuando algo le llama la atención.
- *Cabeza crítica.* La cabeza inclinada ligeramente hacia abajo puede denotar un posible juicio negativo de la persona. Pero cuidado con las personas que sean más auditivas, ya que en ocasiones lo usan para potenciar el uso de los oídos, y simplemente están muy atentas, aunque al no tener contacto visual se pueda sospechar lo contrario.
- *Movimientos de arriba abajo con la cabeza a velocidad rápida.* Es una forma de decir: "Sí, sí, te estoy siguiendo, continúa, continúa".
- *Movimientos de arriba abajo con la cabeza a velocidad normal.* Es una forma de comunicar simplemente: "Sí, te sigo".
- *Movimientos de arriba abajo con la cabeza a velocidad lenta.* Son los que nos deben preocupar, pues pueden ser una forma de decir: "Sí, pero…".

Otros gestos significativos

La dirección del torso y los pies es un momento postural frecuente en los cruces de pasillos de las oficinas. Nuestra cabeza se relaciona con la persona que nos encontramos (incluso nuestro torso, si hablamos con ella) pero nuestros pies indican verdaderamente a dónde nos queremos dirigir.

También se puede observar en un cóctel o en sitios en los que hay personas de pie en grupo hablando entre ellos y usted se acerca. Aunque alguno gire la cabeza, usted no se sentirá integrado en el grupo hasta que alguien se dé la vuelta y dirija un pie hacia usted; es decir, hasta que le "abra" la entrada en el grupo.

La imitación corporal

En PNL (programación neurolingüística), la imitación corporal es uno de los recursos para mejorar la empatía. Observe, por ejemplo, a dos enamorados: es divertido y curioso comprobar que, a veces, están en posturas simétricas, y que su sintonía es muy alta (aunque no suelen ser conscientes de ello).

Los seres humanos nos sentimos cómodos cuando nos vemos reflejados y nos reconocemos en particularidades comunes. Las personas que pertenecen a una determinada subcultura —urbana o rural— suelen tener movimientos y posturas similares, e incluso vestir parecido: los hombres de negocios, por ejemplo, suelen usar siempre traje y corbata, lo que les hace sentirse parte de una misma "tribu". Esta forma de usar un vestuario común es la forma de transmitirnos que tenemos cosas en común.

Podemos hacer lo mismo con las personas con las que nos relacionamos. No es necesario imitar su postura al 100 por ciento (de hecho, si nos descubren, el resultado podría ser muy negativo), pero sí podemos imitar parcialmente una parte de la postura o gesto. Ayudará a la sintonía.

Hay libros dedicados a cómo se debe vestir en determinadas situaciones. En general resulta conveniente ir con un vestuario coherente con el perfil de las personas que vamos a ver. Incluso cuando se lleva un vestuario extravagante, suele tener coherencia con el submundo cultural en el que se mueve la persona; por ejemplo, los artistas como Lady Gaga (lo que a ella le aceptamos fácilmente sería motivo de portadas y titulares si lo llevara Ángela Merkel o Hillary Clinton).

Lo mismo ocurre con la voz. Una persona rápida se sentirá más cómoda con alguien que hable con una velocidad parecida. Será más difícil la sintonía entre una persona que hable muy rápido y otra que lo haga muy lento. Los buenos vendedores, por instinto, se adaptan al ritmo hablado de sus clientes.

8 Entrenamientos de oratoria

"**O**ratoria: arte de hablar con elocuencia." "Elocuencia: arte de hablar de modo que conmueva y persuada a los oyentes. Fuerza de expresión, eficacia para persuadir y conmover que tienen las palabras, gestos o ademanes."

Al buscar en el diccionario la definición exacta de oratoria para contrastarla con la idea que yo tenía de ella, lo primero que me llamó la atención es que sus objetivos principales son persuadir y conmover. Al respecto he de advertir que gran parte de este libro está dirigida al primero de los objetivos, es decir, la persuasión. Para conmover a las personas (producir emoción) hay que utilizar las emociones propias como puente y tener conocimiento de las ajenas para utilizar aquellas en las que nos identificamos con la audiencia. La mejor herramienta para ello es la autenticidad. Me ocuparé de esto al final de manera breve.

El libro está dirigido a la persuasión por dos simples motivos:

a) Persuadir requiere más entrenamiento y ensayo, porque implica un mayor control sobre lo que se dice y hace y sobre cómo se dice y se hace. Cuando conmovemos o pretendemos conmover, es más importante la permeabilidad para dejar translucir las emociones que el control de las mismas. En ese sentido diría que hay que controlar menos porque la emoción, una vez activada, es como si tuviera vida propia y ella misma marca los tonos y tiempos. No quiero decir que sea así al 100 por ciento, pero debo transmitir que el mecanismo lo veo más como activar la emoción y dejarse llevar; seguramente porque si la controláramos dejaría de ser auténtica y el efecto no sería el mismo.

b) En general, me atrevo a decir que la gran mayoría de las exposiciones y reuniones tienen como finalidad persuadir más que conmover (y si quisiéramos conmover, deberemos tener claro el ingrediente que hemos de usar: las emociones).

Posiblemente, a pesar de los rápidos frutos que obtendrá, es en este capítulo donde más va a sentir que le saco de su zona de confort. Para prepararle mentalmente, permítame recordarle lo que dije al principio de libro: no se puede ser bueno en algo sin ser artificial (a menos que uno sea un genio, e incluso ellos tienen que aprender). Recuerde el ejemplo que mencioné cuando me enseñaron a correr bien en el equipo de atletismo. Correr, nadar, tocar un instrumento, bailar, practicar karate, jugar tenis, ser carpintero, plomero… no tiene nada de natural, obliga a pasar por el mundo de la artificialidad, es decir, aprender técnica(s).

Hablar bien tampoco es natural. La gran mayoría de personas que hablan bien han tenido un proceso de aprendizaje y desarrollo de técnicas.

Le recuerdo que la magia está en cruzar la artificialidad con su yo (con ser usted mismo). Puede que al principio le parezca algo difícil, pero, poco a poco, se dará cuenta de que no sólo no es imposible sino que justamente es lo que se pretende: la danza es resultado de mucho entrenamiento y técnica, pero su magia es más poderosa cuando sobre el escenario aflora junto con la personalidad del bailarín, con su yo.

Cuando abra la boca y hable, será su voz y el uso de ella un puente básico con el que nos conectemos con usted y tenderemos a emitir un rápido juicio sobre su forma: su manera, su estilo, cómo es usted. Algo injusto, pero así funcionamos. ¿Es consciente de ello?

Dividiré este capítulo en tres áreas (dos de entrenamientos y una de encuadramiento de las emociones):

- *Entrenamientos imprescindibles*. Son aquellos en los que todos debemos enfocarnos para ser oradores eficaces. Consiste en el entrenamiento de las tres ecuaciones lingüísticas.
- *Entrenamientos avanzados*. Para necesidades específicas o niveles muy profesionales. Sólo atañe a la primera ecuación lingüística (entrenamiento de la voz para profesionales o

para necesidades específicas). Es un apartado sólo para las personas que se quieren especializar y alcanzar un dominio.

- *Entrenamiento para el máximo impacto: conmover.* Si el orador, además de consumar eficazmente el uso de su voz y la claridad de sus mensajes, mezcla la autenticidad de sus emociones (en situaciones coherentes con la aparición de las mismas) y consigue que nos veamos reflejados en ellas, entonces es cuando nos consigue estremecer además de hacernos entender. Este libro no está dirigido a esta práctica porque considero que el origen y la fuerza de las emociones radican en su autenticidad; por tanto, no se trata de la capacidad para elegir los momentos apropiados y exponer desnudamente el sentimiento. Si he puesto la palabra "entrenamiento" delante es porque considero que las personas necesitan entrenarse para mostrar las emociones (¿por qué no?); de hecho, los actores profesionales en las escuelas de arte dramático se ejercitan para predisponerse mejor a esta capacidad. En este sentido, considero que la preparación en artes escénicas (teatro, danza, cine) ayuda mucho, además de divertir.

Entrenamientos imprescindibles

Las siguientes tres ecuaciones resumen el entrenamiento para convertirse en un orador eficaz, se tengan facultades o no:

Alta claridad + volumen adecuado = mayor credibilidad

Control + dominio de las pausas = imagen de poder

La fortaleza de su mirada = feedback que se lleve de los oyentes

A estas tres se podría añadir una previa que llamaré "ecuación cero":

Hablar sobre un contenido que se domina = sensatez

Como ya vimos en el capítulo 3, la estructura y preparación previa son una parte muy importante que no se debe saltar. Aclarar el contenido influirá en la seguridad que tendrá usted a la hora de aplicar su forma.

Demos por hecho que tiene dominio del contenido y su mapa de ruta (la estructura) está ya terminado; ha llegado el momento de transmitir su conocimiento de una manera eficaz.

La claridad

Hay que realizar entrenamientos para conseguir un uso más eficaz de la voz. Mi primera ecuación lingüística la enuncio de la siguiente manera:

> Alta claridad + volumen adecuado = mayor credibilidad.

Le invito a que observe a su alrededor. En una presentación o en una reunión en que la gente se conozca poco o nada, para que las observaciones no estén teñidas por juicios adquiridos, observe si alguien habla con una claridad (me refiero a la pronunciación) y un volumen muy fácil de seguir (algo alto sin llegar a ser molesto). Inmediatamente notará que suena más creíble lo que dice y que el auditorio tiende a prestarle más atención.

Observe también el caso contrario: alguien muy docto en su tema pero que habla con una calidad algo deficiente (hay que estar muy atento para no perderse nada) y que además tiene un volumen un poco justo. En esta situación posiblemente encontrará dos actitudes muy diferentes: los que estén muy interesados harán el esfuerzo de seguir conectados, mientras que aquellos que no lo estén sentirán tentaciones muy rápidas de desconectar.

Por tanto, es fundamental entrenarse para tener una dicción por encima de la media, como hacen los actores, presentadores de televisión, políticos y todos aquellos que hablan bien en público. Para hablar bien hay que entrenar el sistema fonatorio, es decir, hacer una "gimnasia" que nos permita sacarle mucho más partido a nuestro potencial fonatorio. Al igual que el ejemplo del corredor de atletismo al que se le enseña a correr: a coordinar brazos con piernas, a mover más el brazo externo en las curvas, etcétera. Estamos hablando de correr bien, no de correr normal. Lo mismo sucede, por ejemplo, con un bailarín o un cantante de ópera. Cuando alguien canta bien (o muy bien) nos estamos refiriendo a que ha desarrollado su sistema fonatorio, o bien que ha aprendido mediante la tradición (el caso del flamenco), que no deja de ser otra forma de gimnasia o ejercitación, o de aprender técnica.

Según la definición de la Wikipedia, dicción es la forma de emplear las palabras para formar oraciones, ya sea de manera escrita o hablada. En el diccionario también se puede leer "manera de pronunciar", y en el medio profesional de la voz, identificamos la dicción directamente con la forma de pronunciar, que será buena o mala dependiendo de cómo se articulen los órganos o partes del cuerpo que intervienen en la fonación (emisión del sonido).

A continuación veremos formas de entrenar las articulaciones de las partes del aparato fonatorio que intervienen en la pronunciación. Cuando hablemos sólo de vocales lo llamaremos vocalización (en el arte del canto, todo ejercicio preparatorio que se ejecuta con una misma vocal) y cuando hablemos en general (todas las letras) lo llamaremos articulación, aunque estos dos términos se suelen igualar/confundir a nivel coloquial.

Las diferentes formas de entrenar la dicción están dirigidas a realizar una gimnasia con el objetivo de alcanzar un mejor rendimiento de:

- El movimiento de los labios.
- El movimiento de la lengua.
- El movimiento del maxilar inferior (la apertura y cierre relajados).

Todo esto revertirá en una mejor pronunciación y una mayor claridad en el entendimiento de lo que se dice.

En la pronunciación de las consonantes, además de la posición de la lengua y de los labios, y de la apertura del maxilar, también influirá el uso del aire dentro de la cavidad bucal (piénsese en la "s" o la "z", o en los ruidos de los juegos con la lengua ("k"), la lengua y el aire ("j"), la lengua y los labios ("f"), etcétera. No quiero desarrollar aquí una explicación muy técnica, por lo que, si desea ampliar la información, le remito al libro de Tomás Navarro Tomás[8] o al de Quilis y Fernández.[9]

Lo más importante ahora es que usted practique. Un bailarín puede bailar muy bien sin tener un gran conocimiento de anatomía (tenerlo es muy conveniente, pero no resulta indispensable).

Mejorar la claridad está al alcance de cualquiera que lo desee.
Simplemente es cuestión de entrenarse (como cualquier habilidad).
Influirá muy positivamente en su capacidad para comunicar.

Prácticas para la mejora de la claridad

Práctica
+ Camino rápido para pronunciar mejor

Lea un mismo texto tres veces (grábelo para disponer de auto*feedback* e intente escucharse como si fuera otra persona):

- En la primera lectura lea como usted leería en la vida normal.
- En la segunda lectura mueva los labios más de lo normal.
- En la tercera lectura muévalos todavía con mayor fuerza (sobre todo el superior; si usted tuviera bigote, debería ver cómo se le mueve).

En las lecturas 2 y 3, aunque sean un poco artificiales, intente no dejar de "sonar" como usted mismo; es decir, cruce la artificialidad con su yo para que la técnica no se note. Observe si hay diferencia de claridad. Utilice la audioguía si tiene alguna duda: busque la pista 2 en la página web a su disposición.

---

[8] Tomás Navarro Tomás, *Manual de pronunciación española*, Consejo Superior de Investigaciones Científicas, Madrid, 1999.
[9] Antonio Quilis y Josep A. Fernández, *Curso de fonética y fonología españolas*, Consejo Superior de Investigaciones Científicas, Madrid, 1999.

Práctica

+ Los trabalenguas

Imagine que es usted un profesor de castellano y que lee los siguientes trabalenguas para que sus estudiantes extranjeros aprendan a pronunciar. Por tanto, debe usted leer algo más lento de lo normal y con una claridad mayor.

Después vuelva a leerlos, esta vez más rápido, e intente conservar la alta claridad del "profesor de castellano" (pista 4).

Puede incluso realizar una tercera lectura en la que leerá muy rápido intentando conservar la alta claridad. Un truco: imagine que su lengua se mueve de una forma muy rápida, precisa y relajada y que no le cuesta.

En general, basta con mover los labios más para que todas las letras suenen mejor. Cuando aumente la velocidad, mueva mucho más los labios, pero de una manera relajada y sin causar tensiones en el cuello. Sienta también que su lengua se mueve de forma fácil, ágil y precisa (con el solo hecho de pensarlo se suele mover más ágilmente).

Recuerde: tiene que ser artificial, pues va a mover los labios mucho más de lo normal, pero no debe desaparecer su yo (escuche la pista 3: lo que no debe hacer).

A continuación tiene una lista con trabalenguas. Practíquelos todos e incida en aquellos que le ayuden a pronunciar los sonidos que le causen alguna dificultad en su lectura. Lo importante no es decirlos rápido, sino pronunciarlos muy bien; conforme los pronuncie bien, puede aumentar la velocidad para aumentar la dificultad, pero no es el objetivo inicial.

Antes de practicar los trabalenguas, le puede ayudar realizar un calentamiento facial: abra y cierre la boca para calentar los músculos, lance besitos hacia delante y haga el gesto de sonreír, colóquese delante del espejo y gesticule todo lo que pueda con la cara.

Trabalenguas bilabiales (b, p, m):

• Bárbara barba tenía el barbero de la barbería, barbudos barbeaban en la barbería al barbero, pero la barbada barba del barbero barbudo era más bárbara que la que barbeaban los barbudos.

125

• Pedro Pero Pérez Crespo, ¿dónde moras?
¿Por qué Pedro Pero Pérez Crespo preguntas?
Porque en este lugar hay tres Pedro Pero Pérez Crespo:
Pedro Pero Pérez Crespo de arriba,
Pedro Pero Pérez Crespo de abajo,
Pedro Pero Pérez Crespo del rincón.
Estos tres Pedros Pero Pérez Crespo son.

• Obsceno abdiqué obturando el objeto abstraído, de donde obtuve la abdicación obsoleta, y observé el obturador obstruido, obsesionado por la subversión subjetiva de obstetra absoluto.

Trabalenguas dentales (d, t):

• Dije que te dijeran que me lo dijo, aunque nadie me dijo que te lo dijera: pero yo quería que te dijesen lo que dije por si no te decían lo que dije que te dijeran.

• En el triple trapecio de Trípoli trabajan trigonométricamente trastocados tres tristes triunviros trogloditas, tropezando atribulados contra trípodes, triclinios y otros trastos triturados por el tremendo tetrarca trapense.

• Los aldeanos sin saldo doblan en balde el caldero sin caldo ni calderilla bajo el sol doliente, mientras Maldonado, el duque imperial destituido, aldabea aldabadas con aldabas, por aldeas y baldosas.

Trabalenguas labiodentales (f):

• Fábulas fabulosas hay en fabulosos fabularios. Fabuladores y fabulistas hacen fábulas fabulosas; pero la fabulosidad de las fábulas del fabulista no es fabulosa si no hace un fabulario de fábulas.

• Fernando Fernández Fernandel, feliz de felicitar a Francisco Felipe de Francia, frunció su faz cuando fueron a franquear los feos feligreses fluviales la fiesta de febrero, flaca y deforme.

• La fluorita es un fluoruro sin fluorescencia que ni flota ni florece.

Trabalenguas interdentales (z):

• Zipi Zape, Zipi Zape, Zipi Zape, Zipitón. Zipi Zape, gato o gata, arañazos da al ratón.

• Zagal que a la zaga vas del mantón de una zagala. Se haga lo que se haga hoy, déjalo para mañana, que la zagala se va y te deja a ti en la zaga.

• Si cien sierras asierran cien cipreses, seiscientas sierras asierran seiscientos cipreses.

• La sucesión sucesiva de sucesos sucede sucesivamente, con la sucesión del tiempo.

Trabalenguas alveolares (l, n, r, s):

• Simio y simia es un símil, símil es similar a similitud, similitud entre simio y simia es una similitud similar a símil.

• Guerra tenía una parra. Parra tenía una perra. Pero la perra de Parra rompió la parra de Guerra. Guerra pegó con la porra a la perra de Parra. Oiga usted, Guerra, ¿por qué ha pegado con la porra a la perra de Parra? Porque si la perra de Parra no hubiera roto la parra de Guerra, Guerra no hubiera pegado con la porra al perro de Parra.

• Seis sierras asierran seis asientos, sesenta sierras asierran sesenta asientos, sesenta y seis sierras asierran sesenta y seis asientos y seiscientas sierras asierran seiscientos asientos.

Trabalenguas dentointerdentales (dr y d al final de palabra):

• Decid si el sonido de mi laúd os gusta y mandad mensajes para que lo sepan otros. Venid y escuchad su sonido.

• En la casa de David, del viejo Madrid, hay un enorme laúd apoyado en la pared que con mucha virtud toca su majestad.

• El druida con traje de dril dribló al dromedario de la droguería.

Trabalenguas palatales (ch, ll, ñ):

• En este año el niño Núñez engañó al ñoño Noreña con la piñata de antaño cuando el niño Coruña encañonando al rebaño, en la cañada, con saña, lo enseñaba a cortar caña.

• Hubo una riña en España en la que reñía el armiño, con su rapiña y hazaña, con Peñuñuri, el buen niño, que con su leño y su caña, al bañarse en el río Miño, en la mañana, sin maña, ñoñamente ciñó un guiño.

• Ocho chicos chilenitos chocan coches chiquititos, ocho chinos chiquititos chocan coches chilenitos. Chinitos y chilenitos chocando sus cochecitos.

— Leñe niño no seas ñoño que bañarte no hace daño. Ya me tienes hasta el moño con tu ñoñez y tu baño.

• En la calle Callao cayó un caballo bayo al pisar una cebolla.

Trabalenguas velares (g, j, k, q, x):

• Catalina cantarina, Catalina encantadora: canta, Catalina, canta que cuando cantas me encantas; y tu cántico cuente un cuento que a mí me encanta. ¿Qué cántico cantarás, Catalina cantarina? Canta un canto que me encante, que me encante cuando cantes, Catalina encantadora. ¿Qué cántico cantarás?

• Compadre cómprame un coco; compadre no compro coco, porque como poco, poco coco compro.

• En un lago de la Galia navegaba Galatea secuestrada en una galera por un galán de la Galia. Angustiada en la galera, acongojada de pena, navegaba Galatea con un galán de la Galia.

• Don Sixto en sexto no se ha visto porque está tocando el saxo. Suena Sixto, suena el saxo, suena el saxo de don Sixto.

Combinaciones de consonantes:

• El arzobispo de Constantinopla se quiere desarzobispoconstantinopolizar, el desarzobispoconstantinopolizador que lo desarzobispoconstantinopolizare buen desarzobispoconstantinopolizador será.

• Compadre, compre usted poca capa parda, que el que poca capa parda compra, poca capa parda paga. Yo, que poca capa parda compré, poca capa parda pagué.

Práctica
++ Trabalenguas con lápiz

El siguiente ejercicio es muy utilizado por los actores, dobladores y presentadores de televisión. Se trata de colocar un lápiz o bolígrafo entre los dientes, normalmente justo detrás de los incisivos, aunque esto dependerá de la configuración de la boca de cada uno (si se lo coloca muy atrás le costará muchísimo articular bien y si se lo coloca muy delante será demasiado fácil; busque un término/dificultad medio/a). La dinámica del ejercicio es la descrita anteriormente, o sea, leer los trabalenguas a diferentes velocidades, pero con la dificultad añadida del lápiz/bolígrafo. También puede practicarlos con un corcho de botella en la boca, entre los dientes, sin apretarlo. Le obligará a abrir más la boca y pronunciar/articular con mucha claridad cada letra. Evite la tensión, me refiero al exceso de la misma.

Después de haberlo realizado a velocidad lenta-normal y rápida con el bolígrafo, quíteselo y vuelva a leer los trabalenguas, de nuevo con velocidad lenta-normal y rápida después (pistas 5 y 6). Puede añadir una tercera lectura muy rápida si nota que le sale bien y quiere ejercitarse más.

Observe la diferencia de claridad (puede grabarse para monitorearse).

Prácticas para la mejora de la acentuación

Podríamos decir que acentuar consiste en subir el volumen en la sílaba acentuada y en un ligero alargamiento de la vocal sobre la que recae el acento (en castellano siempre recae sobre una vocal). En mi opinión, dos parámetros muy indicadores de la capacidad musical de un idioma son el potencial de alargamiento de las vocales y los límites grave-agudo en que se mueve la conversación normal. Suelo poner como ejemplo la gran musicalidad del inglés y el italiano. Mi querido castellano también tiene un potencial muy alto pero, hoy por hoy, no somos conscientes de la importancia de los acentos (aunque, curiosamente, en las zonas en las que no se habla un castellano estándar se usan más, como por ejemplo en Andalucía). También es verdad que cuando hay que referirse al castellano que se habla en Latinoamérica o Galicia, el rango grave-agudo aumenta (porque está más "cantado").

En relación a los acentos, el gremio que más los utiliza, en mi opinión, es el de los presentadores de noticias, seguidos por los actores de teatro. También es fundamental en poesía, pues ayuda con los ritmos. Aprovecho para resaltar la belleza del verso barroco español, que es un impresionante patrimonio que tenemos: Calderón, Lope, Tirso, Cervantes, etcétera.

La norma que voy a exponer a continuación no es gramaticalmente cierta en un cien por cien, por lo que no la puedo denominar "regla" y prefiero llamarla "guía":

Se acentúa toda palabra susceptible de ser acentuada.
No se acentúan las partículas.

No se debería acentuar la mayoría de partículas de una sílaba, como artículos, contracciones, preposiciones, conjunciones, y los adverbios cuando no son interrogativos: como, donde, cuanto y porque (lo importante es acentuarlos cuando sí están en el contexto de una pregunta). Como digo, esta norma no es gramaticalmente cierta al 100 por ciento, pero nos ayudará con la ejercitación.

Por otra parte, no hay que confundir las partículas con los siguientes monosílabos:

- "Es", del verbo ser, lleva un acento tónico muy claro.
- "Yo", pronombre personal, lleva un acento tónico muy claro (al igual que tú, él).
- "Ha", del verbo haber, lleva un acento tónico muy claro.
- Y muy especialmente la partícula negativa "no", que es enfática en castellano y lleva también un acento muy claro (también en inglés: observemos la diferencia entre *I can* y *I can't*).

En el día a día rompemos las reglas, pues podemos decir: "Bolígrafos y lápices", y acentuar esa conjunción. Siguiendo la regla, deberíamos decir, simplemente: "Bolígrafos y lápices", sin acentuar la "y". En cualquier caso, este ejercicio se entenderá mejor escuchando las prácticas.

Práctica
++ Escultores de acentos (primera parte)

Lea cualquier párrafo de un libro, acentuando muy claramente palabra por palabra, casi "golpeando" el acento, excepto las partículas, que debe leerlas sin acentuar y "pegarlas" a la palabra que sí lleve acento (pista 12).

De esta manera se irá ejercitando en acentuar sin que se le escape ningún acento.

Advertencia 1: en esta primera parte se sentirá un poco robótico. No se preocupe, es simplemente un entrenamiento para acostumbrarse a detectar el acento y "golpearlo" para que se oiga bien. Ya nos ocuparemos en la segunda parte de que desaparezca esta parte robótica.

Advertencia 2: acentuar es subir el volumen (incluso descaradamente) pero con su voz "normal". Cuidado con subir al agudo porque se produciría lo que llamamos un desajuste (o sobreactuación). Déjese llevar por su instinto, grábese y monitorícese usted mismo.

++/+++ Escultores de acentos (segunda parte)

Ahora, para que desaparezca la parte robótica, vamos a leer segmentos largos (frases largas) pero conservando la misma claridad en los acentos que en la práctica anterior. Tenderá a "segmentar", porque en la primera parte leía como un robot. Oblíguese a leer la frase larga, de manera continuada, pero sin que se le escape ningún acento. Observará que va aumentando la claridad.

La diferencia entre la primera parte de la práctica y la segunda es lo que en música se llamaría estacato o legato (cortado o ligado) (pista 13).

++/+++ Escultores de acentos (tercera parte)

Ahora agréguele a la práctica "mover los labios" y observará que la unión "mover labios + acentuar" hace que la claridad de su pronunciación sea mayor.

Por último, imagínese que está leyendo para personas mayores que están algo sordas; por tanto, suba el volumen mucho más, pero sin llegar a forzar tanto que se haga daño o tense demasiado su voz y garganta.

Grábese para luego analizarlo. Luego escúchese. En general, observará que se le oye con una voz mucho más clara y asertiva y que no parece que esté gritando aunque a usted puede que le haya dado esa impresión. Esa es la voz que deberá usar cuando tenga que hablar ante audiencias (pista 14).

++/+++ Escultores de acentos: "manchar"

A veces, cuando se dan los primeros pasos con la acentuación, existe el peligro de volverse algo imperativo. ¡Cuidado! Recuerde "manchar" con su yo. Su encanto está en ser usted mismo a pesar de la artificialidad; por tanto, vuelva a probar y averigüe cómo puede acentuar y mover labios y subir el volumen pero seguir siendo usted mismo. Esa sí que será su voz adecuada (es cuestión de aplicarse y va saliendo solo) (pista 14).

Mejora de la claridad en inglés u otro idioma

Hay dos trucos que suelen sorprender mucho a mis clientes porque repercuten en una mejora inmediata de su claridad en el inglés:

1. Acentuar descaradamente. Esto mejora la claridad en TO-DOS los idiomas. De hecho, la obsesión por acentuar me quedó de oír a los actores ingleses y de participar en cursos durante mi época de actor con directores que habían trabajado en la Royal Shakespeare Company. También lo observé en la época en que estuve becado en el Instituto Shakespeare en Valencia (aunque allí se hacía en castellano). No

se trata de hacer que el castellano suene como el inglés, sino de entrenarse en una herramienta de la oratoria que funciona de forma clara en todos aquellos que hablan muy bien su idioma. Por tanto, acentúe en otros idiomas, como expliqué en la práctica del "escultor de acentos". Inmediatamente mejorará la claridad de su inglés o de cualquier otro idioma que hable (pista 17).

2. Mi suegra, aunque de origen alemán, vivió muchos años en Nueva York. Durante un tiempo practiqué con ella para mejorar mi inglés. Es muy meticulosa con la pronunciación y me enseñó una regla muy útil: en inglés es de gran importancia la adecuada pronunciación de la última letra. Por ejemplo, no es lo mismo *thin* que *think*, o que *thing* (y todo dependerá de cómo pronunciemos la última letra).

Ya sea castellano, inglés, chino, catalán, gallego, francés o polaco, si usted acentúa y mueve los labios más de lo normal mejorará la claridad, y al entendérsele mejor será más apetecible escucharle. Por el contrario, si aporta contenidos de valor, pero no se le entiende fácilmente, obligará a sus oyentes a un esfuerzo extra y puede que aumenten las tentaciones de desconectar.

Volumen

Los actores han de ejercitarse para ser oídos por todo el patio de butacas. Incluso cuando susurran deben ser oídos por el espectador de la fila veinte, que tiene el mismo derecho que el de la fila dos (o el que está dos pisos más arriba). A mis clientes les invito, utilizando el paralelismo con la intensidad de la luz, a "ser una bombilla de 100 vatios"; me refiero, claro, a las antiguas bombillas incandescentes.

Pruebe a hablar delante de diez o veinte personas. Utilice más volumen del normal. Luego use su voz normal o un poco más baja. Y pida opiniones. Seguramente ocurrirá lo mismo que cuando una estancia está iluminada por una bombilla de cien vatios y luego por una de sesenta.

Prácticas para que su discurso no sea monótono

Por muy bien que hable usted, si no cambia de ritmo cada cierto tiempo caerá en la monotonía. Mis clientes suelen preguntarme: "¿Qué velocidad es la mejor para hablar?". Y mi respuesta es: "Hay que usar las tres velocidades: lenta, normal y rápida".

Ponga usted a conversar a alguien que habla muy lento con alguien que habla muy rápido y observará, por regla general, incomodidad y una menor empatía.

En el libro de Mackee[10] hay un consejo para escribir un buen guión que aún resuena en mis oídos: hay que tener en cuenta las tres inteligencias.[11] Un buen escritor escribe para las tres inteligencias, es decir, hace descripciones visuales, auditivas y kinestésicas (independientemente de que lo haga de manera preconcebida o por instinto). Los escritores que hagan solo descripciones visuales podrán tener mucho impacto en las personas visuales, pero probablemente menos con las auditivas (y viceversa).

Trasladando este principio a la exposición hablada, debemos hablar para los que hablan lento, rápido y a una velocidad "normal" (lo pongo entrecomillado porque el concepto "normal" dependerá de la percepción de cada uno). Usar las tres velocidades será más ameno y facilitará la empatía con más personas.

Hablar muy rápido es peligroso (tenderá a "pegar" las diferentes ideas y no facilitará la asimilación de los mensajes; es decir, su capacidad de "fijar" mensajes estará muy mermada). A las personas que tienden a hablar muy rápido les suelo decir:

> La velocidad del lenguaje no es la del pensamiento: no corra.

Sin embargo, en determinadas partes del discurso podemos acelerar (por ejemplo, cuando hay que mencionar algo que no es de especial relevancia), siempre y cuando estemos entrenados en hablar rápido

---

[10] Robert Mackee, *El guión*, Alba Editorial, Barcelona, 2002.
[11] En realidad son siete, pero comúnmente se reducen a tres: la visual, la auditiva y la kinestésica.

pero con claridad, con una buena pronunciación. La mayoría de los que hablan rápido guarrean la pronunciación (suelo usar este epíteto tan impactante para que mis clientes no lo olviden). La contramedida es entrenarse en la pronunciación y en los cambios de ritmo.

Puesto que tenemos un cerebro que tiende a funcionar por automatismos, no es de extrañar que nuestro comportamiento tienda a crear inercias o rutinas con las que nos desenvolvemos cómodamente (cómo tomamos el desayuno, cómo vamos al trabajo, cómo trabajamos, incluso cómo solemos hablar).

Las inercias tienen un lado muy bueno y otro muy peligroso:

- Bueno: nos sentimos cómodos y seguros porque estamos haciendo algo que conocemos, y probablemente por haberlo repetido varias veces tendremos un determinado nivel de eficacia.
- Peligroso: aunque esté muy bien hecho, si siempre hacemos lo mismo aburrirá (tarde o temprano); por eso, romper la inercia es importante (tomar un desayuno diferente, por ejemplo, que convertirá el día en especial).

Si habla siempre con el mismo ritmo aparecerá el lado "peligroso" de la inercia.

Dice Robert Mackee en el magnífico y mencionado libro *El guión*: "Si en una película lo que va a pasar es previsible, al final la película no le dejará un recuerdo especial. Sin embargo, observe lo que ocurre cuando la acción se desarrolla de una manera que usted no se esperaba". Una buena película y un buen guión hacen que sus previsiones se quiebren, y es importante que esto pase.

Este principio es aplicable a la música y a la voz (quizás aquí es incluso más fácil de apreciar). Un ritmo hermoso pero siempre igual será previsible, y consciente o inconscientemente pensaremos que si desconectamos un rato no pasará nada, pues será fácil reengancharnos con el discurso (porque hay una parte que es previsible: el ritmo). Si, por el contrario, hay cambios de ritmo, será más sorprendente y mantendrá más la atención de los oyentes (que estarán más atentos para no perderse esos cambios).

Práctica
+ Entrenamiento en cambios de ritmo por variación en la longitud de las frases

Tendemos a hablar con la misma longitud de frase (mismo segmento). En nuestros políticos hay algunos ejemplos muy claros y además con voces de buena calidad. También es interesante observar cómo algunos políticos que no tienen una voz de gran calidad consiguen un mayor impacto con sus palabras por su facilidad para combinar frases cortas con largas y medias (no quiero dar nombres para no herir susceptibilidades, pero invito a observar el fenómeno).

Por tanto, esta primera ejercitación está dirigida a combinar frases largas con cortas. Al principio use descaradamente el blanco y negro: frases largas con frases cortas. Cuanto más fácil le vaya resultando, podrá ir matizando con largas, cortas y medias (pista 24).

Práctica
++ Entrenamiento en cambios de ritmo por variación de velocidades y de longitudes de frases

Seguimos con segmentos largos y cortos, pero subimos la velocidad en las frases largas y la reducimos en las cortas. Observe que, además de cambiar el ritmo, el segmento ralentizado (puede ser tan corto como se quiera, hasta de una sola palabra) cobrará una dimensión especial. Esto nos puede servir como recurso para resaltar algo cuando nos interese.

A medida que practique, vaya variando la velocidad: rápida, normal, lenta. Si le apetece, agregue además la cadencia muy rápida y muy lenta.

Durante el entrenamiento puede exagerar lo que quiera, pero recuerde que no es conveniente que la artificialidad le aleje demasiado de su yo: lo hermoso del trabajo es combinar su yo (su magia) con la técnica (la artificialidad). (Pista 25).

Hablar con una alta claridad, con el volumen adecuado para el espacio en que se encuentra (casi siempre un poco más alto del que usaría en una situación cotidiana) y cambiando ritmos, son herramientas de suma importancia para el impacto de nuestras ideas.

La claridad en la comunicación (¿se le entiende o no se le entiende?) es tan básica como lo es para los médicos la pregunta: ¿respira o no respira?

Entrénese para que le entiendan muy bien porque influirá mucho en que a los oyentes les apetezca atenderle durante más tiempo.

Las pausas

Mi segunda ecuación lingüística formula:

Control + dominio de las pausas = imagen de poder

Dominar las pausas

Un argumento muy importante para usar pausas es que influyen en la forma en que el cerebro absorbe y fija las ideas.

Hagamos una prueba muy simple. Mire el siguiente número y diga rápidamente cuál es: 1000000000. Haga lo mismo con el siguiente: 1,000,000,000. Seguro que le ha resultado más fácil leer el segundo, ¿verdad? Se debe, claro, a las comas que separan los millares, que actúan como pausas.

¿Conoce alguna buena partitura de música que no tenga silencios? Podríamos decir que mayoritariamente todas las grandes obras incluyen silencios. Esos silencios realzan la música. Con el uso del lenguaje ocurre exactamente igual. Para que un mensaje destaque tiene que ir seguido de un silencio. En la guía de audio en línea puede apreciar cómo las pausas ayudan a fijar los mensajes o a destacarlos, con lo que se consigue el efecto de aislar el mensaje para que no se pierda y quede muy claro (pistas 31 y 32). Dominar las pausas es un entrenamiento MUY importante. La gran mayoría de personas requiere entrenamiento en esta habilidad. He trabajado con directores de multinacionales que, a pesar de su experiencia y buen hacer hablando en público, no dominaban esta habilidad, que está muy relacionada con el poder que se emite y con la capacidad de fijar mensajes. Entrenarse y dominarlas fue un proceso que les trajo beneficios.

En las siguientes prácticas voy a pedirle que exagere el uso de esta herramienta, para que después, cuando domine su uso, pueda usarla como quiera, cuanto quiera y donde quiera. Le invito a descubrir que con la voz usted podrá cortar el texto (hacer una pausa) en cualquier palabra, aunque le aconsejo que evite las partículas (precisará mucha más experiencia, ya que puede quedar extraño). De entrada, si elige un nombre, adjetivo, pronombre, verbo o adverbio, le será mucho más fácil conseguir que el sentido del texto sea entendido fácilmente.

¿Qué pausas son buenas y cuáles malas?

Esta aclaración puede sorprender y es interesante reflexionar sobre ella. La percepción general mide más la cantidad y tiende a considerar que una pausa corta es mejor que una pausa larga. Nuevamente invito a observar. En general es mucho más relevante la calidad de la pausa, me refiero a cómo la viva; si usted no se preocupa y vive el silencio con serenidad, nosotros no nos preocuparemos (sería una pausa buena), pero si se preocupa y vive el silencio con desasosiego o de forma azarosa, quienes le vean se empezarán a preocupar (y sería una pausa mala).

La preocupación por las pausas procede más de su juicio personal que del exterior (en la gran mayoría de los casos); por tanto, el entrenamiento está dirigido a reeducar una percepción errónea que ha dado por cierta.

Práctica
++/+++ Entrenamiento para las pausas

Lea un mismo párrafo tres veces, de la siguiente manera:

a) Cada vez que haga una pausa que sea de tres segundos (le puede servir como referencia intercalar con el pensamiento, durante la pausa, una palabra de cuatro sílabas: Barcelona, Zaragoza, Mississippi...).

b) En cada una de las tres lecturas coloque la pausa en un sitio diferente y compruebe que se sigue entendiendo (grábelo y compruébelo). Haga la pausa donde la haga, asegúrese de que lo que diga siga teniendo sentido (verá que aunque le parezca difícil, es más fácil de lo que parece).

c) Haga una cuarta lectura. Lea más rápido y seguido que

antes, y en un momento determinado haga una pausa gigante, de diez segundos (recuerde dar tiempo, entre segundo y segundo, para poder decir mentalmente Barcelona o Mississippi o Zaragoza). Esta pausa la llamaremos "teatral". Debe hacer esta pausa en un sitio donde NO haya ningún signo de puntuación. El objetivo es aguantar a su otro yo (que es el único que le agobiará) (pistas 33, 34, 35 y 36).

En alguna de las lecturas haga coincidir el uso de sus pausas con la combinación de frases cortas y largas (cuando se oiga grabado podrá observar que, de esa manera, las pausas se notan mucho menos).

¿Por qué usamos muletillas?

Las muletillas o palabras basura son palabras o sonidos que se utilizan en el discurso pero que no aportan absolutamente nada de valor. Son muy usuales: "eeehhh", "aaahhh" (con esta vocal es más frecuente en catalanes y extranjeros), "uhmmm", "¿eh?", "¿vale?", "bueno", "entonces", "de alguna manera" (repetido en exceso, claro), etcétera. Alargar la letra final cumple la misma función: "deee", "por lo queeee", "de laaaa", etcétera.

La polilalia (entiéndalo como "repetir palabras", en el contexto de personas sin un problema especialmente relevante con el uso del lenguaje) es una forma algo más disimulada, pero en la práctica es lo mismo: "y es por esto... y es por esto..."; "debido a... debido a...", "de... de...", "la... la...". En todos estos casos, la persona es poco amiga de la pausa.

Los manuales de hablar en público dicen: "No utilice usted muletillas, sustitúyalas por pausas". Sobre esto, permítame que le invite a considerar los siguientes aspectos:

a) Igual que cuando escribimos necesitamos dividir o subdividir el texto con signos de puntuación para que sea más inteligible, también necesitamos usar las pausas —los signos de puntuación de la voz— para conseguir que nuestros mensajes e ideas se entiendan mejor. Hablamos de una necesidad de su auditorio: para poder "digerir" mejor su discurso.

b) Al hablar en directo ante una audiencia también ha de gestionar algunas necesidades biológicas suyas, como la respiración y la búsqueda en su "disco duro" de las palabras o conceptos (llevada a cabo por las neuronas, que a veces están muy rápidas y otras no tanto).

En estos años entrenando a mis clientes he comprobado su arraigado sentimiento de que hacer una pausa es negativo. Cuando han empezado a dominar las pausas (lo que ha conllevado una molestia y una resistencia al principio), han aceptado que, tal y como les decía al principio, es una herramienta que les provee de ventajas que no disfrutaban y de las que no eran conscientes. Hay cosas que se asimilan solo pasando por el proceso de la experiencia, es decir, apartando las reticencias y "sometiéndose" al entrenamiento.

Esas reticencias (o percepciones inadecuadas) siempre tienen relación con su otro yo. Cuando un presentador está hablando y hace una pausa para pensar mejor la palabra que va a decir y la dice, aporta "valor", y en general a usted y a mí nos parecerá sensato y adecuado. Sin embargo, su tendencia probablemente será decir una muletilla y rellenar el vacío con un sonido o palabra que no aportará nada al discurso. El problema es su otro yo, que le está presionando y transmitiendo un mensaje del tipo: "¡Vamos! ¡Di algo, que van a pensar que eres cort@ de mente!".

Práctica
++/+++ Entrenamiento para las muletillas

El entrenamiento fundamental consiste en hacerse amigo de las pausas con el ejercicio descrito anteriormente. Es magia: si se hace amigo de las pausas, las muletillas desaparecen. Si quiere trabajar las muletillas por su cuenta, tiene dos maneras:

- AUTOENTRENAMIENTO. En su vida cotidiana, adiéstrese, cuando hable con cualquiera, para hacer una pausa cuando no encuentre la palabra que va a decir (o la idea). Aclárese en su cerebro y luego hable. Usted vivirá esa pausa como si fuera eterna, pero probablemente no habrán transcurrido más de uno o dos segundos (incluso muchas veces apenas será medio segundo). A medida que esa tensión disminuya, notará que va adquiriendo más dominio en el manejo de las pausas.

- CON AYUDA EXTERNA. Concebí el siguiente método hará unos quince años viendo un documental de televisión y luego he sabido que hay otros formadores que lo utilizan. El programa en cuestión versaba sobre los experimentos que se realizan en laboratorios con ratones. Se hablaba sobre cómo cambiaban los comportamientos de los ratones para obtener respuestas que no son las naturales en ellos. El método consistía en darles descargas eléctricas en aquellas acciones que los científicos querían erradicar para sustituirlas por otras nuevas y diferentes.

Lo primero que pensé fue: "Tengo que inventar algo parecido para mis clientes, pero sin producirles daño físico". Las casualidades ayudan y en el siguiente curso que tuve que impartir, mientras tomaba un café en un descanso, le dije a mi cliente: "Juguemos al rey Fernández [su nombre]: si no tiene claro lo que va a decir, tómese la libertad de pensar, media hora si es preciso, y que sus súbditos esperen (para eso es usted el rey). Si no hace la pausa y se le escapa un eeehhh… [muletilla], le estresaré con este ruido" (y di un golpe con la cucharilla metálica sobre la porcelana de la taza de café).

El efecto de esta acción es similar al de una descarga eléctrica, pero sin sus dolorosas consecuencias físicas, y convierte en consciente lo que era inconsciente. La taza puede ser un vaso o una papelera metálica (dependiendo de lo que tengo a mano, uso una cosa u otra) y la cucharilla puede ser un cuchillo, tenedor, cuchara o bolígrafo metálico.

Queda para la sensibilidad del formador decidir con qué personas puede presionar más y con cuáles menos (en ello está incluido el volumen e intensidad del sonido del metal con la porcelana y el hacer sonido con todas las muletillas o con solo algunas por si la persona se desconcentra en exceso). Hay que presionar desde el respeto y el deseo de ayudar a nuestro cliente, pues algunas personas responden muy bien a una presión fuerte y otras precisan de métodos distintos.

Cuando entrenamos la herramienta pausa, estamos ocupándonos de algo que produce enormes ventajas en múltiples áreas de la vida. No sólo al hablar en público.

> No tiene usted que pensar si hace "ehhhh" o repite "bueno" o "bien".
> Si se hace amigo de las pausas, las muletillas desaparecen
> como por arte de magia.

Una reflexión sobre las pausas

Envejecer es un proceso muy hermoso que en algunas personas se llama evolución y en otras infierno. ¿En qué radica la diferencia entre un polo y el otro? En que durante el camino de su vida desarrolle herramientas para relacionarse, contener y tener poder sobre su otro yo.

No dominar la pausa es como sacar a pasear a un perro y dejarse arrastrar por él. O como no controlar las emociones. Por ello, el control y dominio de las pausas está relacionado con el poder humano (origen de mi segunda ecuación lingüística).

Hay algunos parámetros que hacen difícil que, al menos en el mundo occidental, nos demos cuenta de lo importante que es hacer pausas:

1. La falsa creencia de que el silencio evidencia falta de sabiduría sobre algo.
2. La percepción subjetiva de la duración de las pausas: lo que dura unas décimas de segundo se vive como si durara media hora.

Por eso, aunque la persona entienda, racionalmente, que debe hacer pausas, no le bastará. Necesitará un entrenamiento que le ayude a recolocar su percepción inadecuada para descubrir todas las ventajas de las pausas.

También se puede hacer un mal uso o un abuso de las pausas, pero la verdad es que aquellos que comúnmente llamamos pesados lo son más por un uso inadecuado de la voz (monotonía) que por un abuso de pausas.

El silencio permite:

• Que las palabras pronunciadas con anterioridad adquieran una densidad, una presencia y una resonancia que no tendrían por sí solas. Es como ponerle luces de neón a lo dicho (pista 31).

- Dar a entender que pasamos de una parte a otra de la presentación o exposición.
- Una toma de aire adecuada, algo muy importante para el buen uso de la voz y para la salud en general.
- Concentración para organizar las ideas que desarrollará a continuación o para encontrar la palabra adecuada, que ayude a transmitir lo que desea.

Aprender a vivir los silencios de forma serena está muy relacionado con cómo se enfrenta usted a los momentos de conflicto, a los momentos de confusión y a los miedos. De hecho, siempre que esté confundido o bloqueado, la pausa será la herramienta que le permitirá intentar aclararse, sopesar posibilidades, elegir una de ellas, tomar aire y hablar. Eso no significa que todas las pausas tengan que ver con estar bloqueado; como hemos comentado, hay pausas para respirar, para encontrar la palabra, para darle más presencia a lo dicho anteriormente, etcétera.

> La pausa es una herramienta fundamental para la organización
> (empezando por su propio ser), que actúa en varias áreas,
> entre ellas hablar en público.

> Entrenarse con las pausas es, además, un entrenamiento
> para contener a su otro yo, un descubrimiento de su poder
> contra la ansiedad o angustia que a veces nos provoca el silencio.

Entiendo muy bien que le pueda preocupar el silencio involuntario, es decir, el quedarse en blanco o perder el hilo. Aun así, tampoco hay que preocuparse en demasía. La solución consiste en centrarnos en nuestro objetivo, ver en qué parte de la estructura estamos (ya sea mirando sus apuntes o la diapositiva que tiene proyectada, si utiliza PowerPoint o un programa similar de presentaciones) o, en el peor de los casos, declarar que ha perdido el hilo y pedir que alguien le haga memoria. Se sorprenderá al comprobar que el público está muy dispuesto a ayudarle.

El silencio de punto y el silencio de coma

Como pequeña guía para apreciar la diferencia entre silencio de punto o silencio de coma, tenga en cuenta lo siguiente:

• *Por actitud*. Cuando hagamos un silencio de punto (adecuado para separar una idea A de otra diferente B) hemos de terminar de tal manera que quede claro que no vamos a seguir hablando. Cuando hagamos un silencio de coma, hemos de terminar de tal forma que quede claro que falta algo y que vamos a continuar hablando del tema.

• *Musicalmente*. Cualquier frase afirmativa, en castellano, sube ligeramente al agudo y acaba en grave. Esta bajada al grave es la entonación del punto (la que deja claro que NO se va a seguir hablando).

Por ejemplo:

Voy a ir al cine

Tengo que llamar a Juan

Sin embargo, cuando las usamos como subordinadas, subimos la entonación ligeramente al agudo (entonación que deja claro que se va a continuar, que no se ha acabado de hablar):

Voy a ir al cine, si María viene conmigo

Tengo que llamar a Juan, para ver si puede ayudarme

Estas serían las reglas básicas para entonar el punto y la coma. Es cierto que con el dominio más avanzado de la oratoria (ritmos y entonaciones) se pueden romper a veces, pero de momento les invito a respetarlas y a entrenarse con ellas.

En resumen, cuando usted emplea una muletilla, auditiva y visualmente, los oyentes captan su angustia por encontrar una palabra o un pensamiento, mientras que cuando hace un silencio simplemente vemos a una persona con la serenidad suficiente para encontrar la palabra adecuada para expresar lo que desea. Las pausas están relacionadas con el poder, como lo demuestra el hecho de que las personas poderosas las usan muy bien.

> Los silencios o pausas permiten enviar la información por "paquetes digeribles"; por tanto, facilitan la asimilación del contenido por parte de los cerebros. Son una herramienta de la oratoria imprescindible para ser un orador más eficaz.

La mirada

> + fortaleza en su mirada = + *feedback* que capta de los oyentes

Como en el colegio no nos enseñan comunicación, como asignatura, no solemos ser conscientes de que ¡el 70 por ciento de la comunicación interpersonal en Occidente es visual! (me refiero a cuando hablamos en público y en líneas generales). Cuando trabajo con médicos me gusta recordarles esta frase que todos hemos oído alguna vez: "¡Ay, hija, estuve con un médico que ni me miró!". Y lo que eso significa: como no la miró, inmediatamente pasó a ser el peor médico, independientemente de la capacidad de praxis del profesional de la medicina.

¿Por qué no miramos?

Si una persona no mira mientras habla con otra o con un auditorio, suele ser por alguna de estas tres razones:

1. *Timidez.* Hay que entrenar al tímido para que aprenda a "ver" (dirigir sus ojos hacia nosotros) en un primer estadio, e inmediatamente después a "mirar", es decir, a "darse cuenta" de qué información recoge al ver.

   El tímido, a veces, no mira al otro porque cree que le va a descubrir y le va a "desnudar". Hay que cambiarle esa creencia para que descubra que, muy al contrario, cuando se concentre en captar datos de la otra persona ocurrirán dos fenómenos tremendamente favorecedores:

a) Obtendrá información sobre el(los) otro(s) que podrá utilizar en su posterior relación; es decir, le será de utilidad.

b) Le leerán (será visto) como una persona con cierto poder y seguridad en sí mismo, aunque por dentro no se sienta así.

2. *No tener conciencia de que mirar es muy importante en la comunicación.* Como he mencionado, 70 por ciento de la comunicación en el mundo occidental es visual. Las personas auditivas (que responden más a los sonidos y palabras), no solo los tímidos, deben entrenarse en usar más la vista.

3. *El funcionamiento neurolingüístico.* Todas las personas movemos los ojos de una manera determinada al pensar y hablar. De hecho, es posible entrenarse para captar qué tipo de inteligencia tiene más desarrollada la persona según mire con sus ojos (véase *www.pnlbet.com/ojos*). Seguro que alguna vez habrá observado a algún presentador tan concentrado en que el hilo de su discurso fuera correcto, que en lugar de mantener contacto visual con el auditorio dirigía su mirada a ninguna parte (como hacia dentro de sí mismo) buscando en su cerebro qué decir (algunos mirarán más hacia arriba, otros más en la línea media y otros hacia abajo); un tipo de mirada que no se proyectaba hacia el oyente. Este presentador, que posiblemente es un gran conocedor de su contenido, tendrá sin embargo menos impacto que otro que, además, mire a su auditorio.

La meta de mirar al auditorio es ir observando el efecto que causa sobre esta nuestra exposición. Si usted no mira a sus oyentes, lo pueden interpretar como que no les presta atención o que tiene miedo o es inseguro.

¿Cómo llegará a ser una persona poderosa (con capacidad de acción y reacción) si no "capta" lo que está pasando delante de sus ojos? ¿Cómo podrá ganar batallas a su otro yo si no se permite "conectar" con lo que está afuera?

Por tanto, esta tercera ecuación lingüística es también muy importante: la debe considerar una herramienta de la oratoria imprescindible, ya que influye en su capacidad de credibilidad y persuasión.

Mirar sin trucos

En una sala pequeña es relativamente fácil, pero en un gran auditorio tendrá que mirar por sectores. Dentro de cada sector, elija a una persona y capte información sobre cómo está escuchando: si tiene cara interesada, cansada, dubitativa... Cuando haya mirado en varios sectores, habrá hecho un ejercicio de estadística llamado "muestreo" y tendrá un mínimo de datos para formarse una opinión con cierto fundamento.

Hay casos excepcionales en los que los focos no permiten ver; aun así, debe mirar hacia los oyentes para que ellos se sientan mirados y atendidos.

En algunos libros sobre cómo hablar en público se habla de trucos como mirar en medio de los ojos o por encima de la cabeza. No quiero ser categórico y descartar estos trucos, incluso admito que en los casos de timidez puede ser un primer paso, pero le invito a que se cuestione: ¿quiere usted limitarse a "hacer trucos" o quiere realmente desarrollar su "poder humano"? Si lo que desea es lo segundo, entrene la mirada para contactar de verdad con los demás, para "captarlos" desde su percepción (que, sea como sea, es la suya).

Práctica
++/+++ Entrenamiento para la mirada

Sin obsesionarse, cuando hable con alguien, cuando entre en un sitio, cuando tome un café, etcétera, intente "captar" relajadamente (no se presione) información sobre su interlocutor o sobre el lugar. Luego intente recordarla. Si se trata de una conversación, intente captar cualquier aspecto sensorial y emocional sin descuidar el contenido de lo que dice la otra persona.

Entrenarse con las tres ecuaciones lingüísticas le permitirá transformarse en un orador eficaz. Además, le resultará más fácil detectar cómo y cuánto las usan los grandes oradores.

Entrenamientos avanzados

Pronunciar vocales

Esta parte del libro es para necesidades específicas o para personas que busquen o necesiten un nivel muy profesional. Estas prácticas o entrenamientos requieren algo más de inversión de tiempo y puede que los frutos no se vean tan rápido como en las descritas en la parte de entrenamientos imprescindibles, pero si desea y se puede ejercitar, mejorará todavía más.

Práctica
+/++/+++ Las vocales (la vocalización)

Articular muy bien las vocales ayudará a los profesionales de la voz, a los extranjeros que deseen tener un sonido más claro y castellano (o hispano) y a las personas que tengan problemas de mala pronunciación.

En este entrenamiento se trata de tomar conciencia de que pronunciar las vocales conlleva una determinada apertura de la boca y forma de colocar los labios. En una perfecta vocalización, los labios deben adquirir una forma determinada que es diferente dependiendo de cada vocal. Sin embargo, bastará con que movamos los labios (incluso sin saber la forma exacta que han de tomar según qué vocal se pronuncia) y permitamos que la boca abra y cierre (según sea la vocal más abierta o cerrada) para que notemos una mejoría inmediata.

En los casos de dislalia (defecto de pronunciación) será conveniente colocar más adecuadamente la lengua y labios, y tener en cuenta otras indicaciones que la mayoría de personas ejecuta de manera instintiva más o menos correctamente (en caso de que tenga usted una dislalia, puede asesorarse con un logopeda o autoentrenarse con libros especializados).[12] Si estuviera interesado en un mayor detalle en

---

[12] *Fichas de recuperación de dislalias*, de Antonio Vallés, o *Tratamiento de los defectos de articulación en el lenguaje del niño*, de Pilar Pascual (perfectamente válido también para adultos), Ciencias de la Educación Preescolar y Especial, Madrid, 2006.

todos los aspectos de la pronunciación, le sugiero consultar los libros ya mencionados de Tomás Navarro y Quilis-Fernández.[13]

Lea detenidamente el apartado siguiente y póngalo en práctica (la guía de audio le ayudará a entender muy bien el ejercicio de vocales). Una vez entienda la mecánica, se dará cuenta de que es un ejercicio rápido y relativamente fácil, que podrá ir adaptando y complicando según el nivel de destreza que vaya alcanzando.

Aunque en castellano las vocales se clasifican según el modo de articulación en a) altas o cerradas; b) medias y bajas; y c) abiertas, y dependiendo del lugar de la articulación en a) anteriores o palatales; b) centrales; y c) posteriores o velares, permítaseme que lo simplifique y las divida simplemente en dos grupos, ya que el objetivo es ejercitar la apertura y relajación del maxilar inferior para una mejor articulación.

Vocales muy abiertas (a, o y u):

Para pronunciarlas, junte su dedo índice con el pulgar y coloque entre sus incisivos los dos dedos (pero solo la parte que corresponde a la mitad de las uñas, más o menos). Ahora tiene la apertura de mandíbula adecuada y lo único que tiene que hacer es modificar los labios para el sonido de cada vocal. Mantenga la punta de la lengua relajada en contacto con la parte de atrás de los incisivos inferiores. Deje que el resto de la lengua se coloque por instinto.

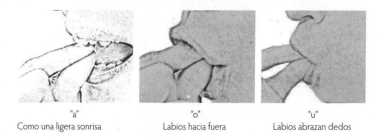

| "a" | "o" | "u" |
| Como una ligera sonrisa | Labios hacia fuera | Labios abrazan dedos |

---

[13] *Manual de pronunciación española*, de Tomás Navarro, y *Curso de fonética y fonologías españolas*, de Antonio Quilis y Josep A. Fernández, Consejo Superior de Investigaciones Científicas, Madrid, 1999.

Como entrenamiento, en la "o" coloque los labios hacia afuera, a la manera de Mick Jagger, y verá cómo emite una "o" más contundente y sonora. Una misma vocal puede ser más abierta o más cerrada, dependiendo de en qué parte de la palabra se encuentra, es decir, con qué consonante va asociada. También las vocales tienen una forma adecuada de colocar el dorso o predorso de la lengua, pero como comenté anteriormente podemos dejar esto solo para los casos de defectos notables de pronunciación (consulte la bibliografía citada anteriormente). El entrenamiento que propongo tiene resultados muy satisfactorios y no le obligará a estar pendiente de esta clase de parámetros.

Vocales menos abiertas (e, i):

Para pronunciarlas introduzca el dedo índice entre los incisivos (hasta la mitad de la uña). Separe ligeramente los labios en sentido horizontal para la "e" y aún más horizontalmente para la "i" (el sonido con la componente horizontal más amplio de las cinco vocales es el de la "i").

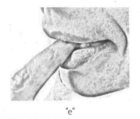
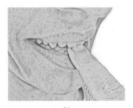

"e"
La sonrisa es muy suave

"i"
La sonrisa es más abierta
(más horizontal)

Lo más importante que se debe tener en cuenta es que hay que mover los labios para que las vocales se pronuncien mejor, y que el maxilar inferior se abre y cierra continuamente dependiendo de las vocales y consonantes que haya que articular. Por tanto, si mueve los labios más —sobre todo el superior— y deja que el maxilar inferior esté relajado para que abra y cierre, inmediatamente mejorará su claridad.

Práctica

+/++/+++ Estupendo ejercicio para la pronunciación de vocales

Ayudará a los profesionales de la voz, a los extranjeros que deseen tener un sonido más claro y castellano (o hispano) y a las personas que tengan problemas de mala pronunciación. El siguiente ejercicio lo aprendí hace muchos años de mi querido y recordado profesor de ortofonía Jesús Aladrén, durante mi formación en la RESAD (Real Escuela Superior de Arte Dramático y Danza) de Madrid. El grado de dificultad lo puede adaptar usted a su conveniencia, según su nivel de vocalización, tanto si es un principiante como un actor experto. Es estupendo para conseguir una buena movilidad de labios; permitirá rapidez de vocalización y precisión, podrá trabajar la relajación del maxilar inferior, aumentar el flato (capacidad y dosificación del aire), así como ejercitar el ritmo y la concentración (notará que, si no se concentra, se perderá en las agrupaciones de tres y cuatro vocales; no se preocupe, significa que ya está usted entrenando y empezando su mejora). Detrás de un ejercicio aparentemente simple se trabajan muchas áreas del sistema fonatorio.

I-A-U / A-E-U / A-O-E / O-U-A
E-I-U / I-A-O / O-U-A / E-A-U
O-E-I / A-U-E / I-A-O / E-I-U
A-O-I / A-U-O / E-O-A / O-E-U

AO-IE-IO / AE-AO-UA / EO-IE-OE
EI-OU-OA / IE-UO-EA / OU-UA-EU
OA-EI-UA / AE-AI-IO / UE-OA-UE
IO-AE-IO / OE-AI-IE / IA-OE-IE

IEA-AUE-IOE / EOE-AOO-EAU / EUA-UAE-AOI
UOA-IEO-AUE / AEO-AIE-UEA / OIO-OEA-AIU
EIO-EEO-OUA / UIA-EIA-AEI / IEU-UIE-OEA
EAE-IAU-OEI / IOA-EUA-AUE / AEA-EIE-UOI

AEUO-UEIO-AOUE / UIEA-OAUE-OAIU
EIAU-OIOA-AEOO / UUIE-AIEU-IOEA
AOIE-EUIA-IOUU / OIAI-UAIE-AIEA
IEOA-AUAE-IAIE / EAIO-OAIU-OUAE

La forma de realizar el ejercicio es la siguiente. Marque un ritmo binario —como un péndulo— con su dedo índice; si tiene problemas para mantener la constancia del ritmo, puede usar un metrónomo, aparato que marca el ritmo y que usan los estudiantes de piano (los modelos a cuerda son económicos). Suelo hacer las primeras prácticas con un ritmo de sesenta, pero puede aumentarlo o rebajarlo según lo que mejor se adecúe a su nivel; ya lo irá complicando a medida que avance.

A continuación tome aire. Utilice tres partes de cada unidad de ritmo para hacer su toma de aire y en la cuarta empiece a pronunciar las vocales. La primera línea tiene cuatro partes separadas con el signo /, con tres vocales cada una, por lo que tendrá que repartir el aire en esas cuatro partes. O lo que es lo mismo: tendrá que sonorizar doce veces. Cuando termine de sonorizar la primera línea, dispondrá de tres partes para soltar el aire que le quede y volver a tomarlo.

Nuevamente, cuando llegue a la cuarta parte, comience a sonorizar la segunda línea.

Cuando termine el grupo de una vocal, siga haciendo lo mismo con el de dos vocales (en este caso, están divididas en tres partes y en cada parte hay tres diptongos, por lo que tendrá que sonorizar nueve diptongos). Y así, sucesivamente, hasta sonorizar el de cuatro vocales (tendrá que decir cuatro vocales donde antes solo decía una, por lo que irá más rápido, aunque el ritmo siempre sea el mismo).

En esta última tendrá que sonorizar seis veces una asociación de cuatro vocales por cada línea; si se lo toma con humor puede ser hasta divertido, porque este último tramo suele costar bastante.

Para ayudarse en la comprensión del ejercicio, se recomienda escuchar la pista 7.

+++ Aumento de dificultad

Seguirá tomando el aire en tres partes pero sonorizará dos líneas (ocho partes) con una sola respiración (pista 8).

+++ Más aumento de dificultad

Seguirá tomando el aire en tres partes pero sonorizará tres líneas (doce partes) (pista 9).

+++ Más difícil todavía

Seguirá tomando el aire en tres partes pero sonorizará cuatro líneas (el grupo entero, doce partes). Puede ir complicándolo a medida que su rapidez de articulación y control de flato vayan aumentando, pero ya con realizar el cuarto paso estará usted por encima de la media de la calle (pista 10).

+++ Superdifícil

Aumente la velocidad conforme vaya mejorando su habilidad (pista 11).

Por supuesto que no necesitará esta habilidad en situaciones cotidianas, pero le permitirá pronunciar con una altísima claridad; en mi caso hace años que no la practico y creo que aún retengo algunas de las ventajas que me proporcionó.

Pronunciar diptongos

Aunque por coherencia con la vocalización este ejercicio debería ir después de las vocales, resulta conveniente practicarlo después de que se haya ejercitado la acentuación. Articular muy bien los diptongos ayudará a una muy alta claridad para los profesionales de la voz, a mejorar la claridad de los extranjeros y a las personas que tengan problemas de muy mala pronunciación.

Cuando hay dos vocales seguidas (diptongo) o tres (triptongo), es fácil que alguna de ellas se pierda. Quien quiera pronunciar bien debe sonorizarlas todas.

En el siguiente ejercicio de diptongos puede encontrar alguna palabra desconocida, dado que a veces me invento alguna asociación de palabras en función de cómo se ejerciten mis clientes. Lo importante es que haga notar cuál es la vocal fuerte (la que llevará el acento) sin que por ello deje de oírse la débil. Aproveche también para pronunciar las vocales tal y como se detalló en el primer ejercicio (apertura adecuada de la boca: véanse los dibujos). Igual que con los trabalenguas, haga dos o tres lecturas, una lenta-normal, una normal-rápida y una muy rápida. En todas intente mantener la alta claridad de un "profesor de castellano para extranjeros".

Práctica
+/++ Entrenamiento para pronunciar diptongos

Diptongo AI-IA

• Hay una tía tuya que había que oír porque decía que tú querías tanto a tu otra tía que entonces dejarte no tenía la herencia por qué.

• La vía tenía un día de mucho tránsito aquel día pero, hoy hay tai-tai por lo que no hay día de tráfico en la vía.

Diptongo IO-OI

• Dio con las canciones que buscaba hoy pero vio las porciones de coicoinos y comió de ellos y decidió beber. Bebió y sintió el agrio sabor de aquel tardío vino de Alcoy.

• El violín es un instrumento que me gusta más que la viola, aunque el oboe también me atrae obviamente.

Diptongo UE

• Luego puedo ver al eunuco que me cuentas para que muerda con la fuerza que comentas el zueco que te dije por el hueco que permitirá que el eunuco cuele la boca.

Diptongo EI

• La ley que veis tiene lo que tenéis que buscar para que deis lo mejor de vosotros, antes de ir al géiser al que queréis ir a pie. Tiento, tiene el joven que reflexiona, creía el pariente del hombre de la ley.

Diptongo EU

• Europa es la zona del euro y de los europeos; en donde puedes encontrar un neumático, que puedes pagar con deudas, a personas con feudos, enfermos de neumonía, y escribir con un seudónimo y ser bien tratado del reumatismo o reunir amigos y reunificar préstamos (pistas 15 y 16).

Problemas con el volumen

A lo largo de estos años he oído muchas voces, algunas de ellas "problemáticas". Estas se podrían clasificar en cuatro grupos:

• Voces con poco volumen.
• Voces alérgicas.
• Voces con mucha tensión.
• Voces con un problema puntual (la noche anterior estuvo de juerga y se quedó afónic@).

Los tres primeros grupos me parecen muy interesantes porque estamos hablando de voces sanas que, sin embargo, son percibidas como defectuosas.

Práctica
++/+++ El barquito

Dirigido a voces sanas que pueden ser percibidas como defectuosas por la falta de volumen. Este ejercicio funciona con un 60 por ciento de personas. Se obtiene más volumen sin esfuerzo. El resultado con algunos de mis clientes resultó para ellos motivo de agradable sorpresa. Se trata en realidad de usar el aire y "apoyarlo" en las vocales del acento (en castellano todos los acentos recaen en vocales, como ya he comentado), que "abren" el sonido y viajan más fácilmente a los resonadores.

Aunque al principio se sienta incómod@, al poco tiempo logrará acostumbrarse y cruzar la artificialidad con su yo (siga grabándose y autoexaminándose).

El ejercicio ya existe con este nombre; mi aportación consiste en un añadido que le pediré que haga con las vocales.

- Primer paso: imagine que hay en alta mar un barquito de vela pero no sopla el viento. Usted, como si fuera el dios del viento, le va a enviar aire al barquito, emitiendo un "sh" (como el sonido que le hacemos a otra persona cuando queremos que se calle). Es importante emitir el "sh" con el aire en "esplendor" (con aire de sobra) y cortar el sonido y el aire cuando sienta que se le acaba. Hablar con aire de sobra es lo que denomino "hablar en esplendor". (Pista 18, cómo se debe hacer, y pista 19, cómo no se debe hacer).

  Ahora que ya lo hace, repítalo tres o cuatro veces, hasta que perciba que lo hace sin que se le note el esfuerzo (mírese en un espejo). En danza, bailamos bien cuando hacemos que parezca que es muy fácil; en este caso, el público debe pensar que todo nos sale con una gran facilidad. En el canto sucede igual.

- Segundo paso: ahora lo vamos a trasladar a las palabras. Para ello vamos a decir un número (empezaremos por el 2). Tomamos aire y soplamos el barquito, pero en esta ocasión, en vez de emitir un "sh", diremos "dooooss", alargando la vocal. Es importante que alarguemos la vocal y lo hagamos de menor a mayor esfuerzo. Podemos probar a meter gradualmente el estómago mientras emitimos el sonido. Cuando terminamos de decirlo, soltamos el aire restante, volvemos a tomar aire y emitimos de nuevo, pero esta vez con el "treeeeesss", apoyándonos en la vocal de menos a más y empujando el barquito (igual que hacíamos con el aire).

  Observe que, si está bien hecho, no se produce esfuerzo en la garganta y que el volumen se "abre" al apoyarnos en la vocal, de menos a más, mientras relajamos la garganta. Obtenemos más volumen y simplemente gastamos aire.

Meter gradualmente el estómago funciona como cuando se toca una gaita: al apretar con las manos el saco de aire, este sube y el pito sigue tocando. En nuestro caso, al meter el diafragma, el aire de la parte baja de los pulmones es presionado y sube hacia arriba, por lo que es más fácil que llegue "en esplendor" a las cuerdas vocales y el sonido sea más pleno (además, al apoyarse en la vocal, acentuándola, el sonido se abre). (Pista 20).

- Tercer paso: se trata de hacer lo mismo pero en vez de decir los números de uno en uno los diremos de tres en tres: "Dooooosss, treeeesss, cuaaaatro...". Soltamos el aire restante, volvemos a respirar y emitimos los tres números siguientes. (Pista 21).

- Cuarto paso: lo mismo pero diciendo tantos números seguidos como el aire nos permita, siempre que se emitan en esplendor (con aire de sobra). Da igual si tiene que cortar en el ocho o en el diecisiete; lo importante es que emita "en esplendor" y se apoye en las vocales (al ser varios números, la vocal será más corta, pero con la suficiente dimensión como para que le permita apoyarse en ella). (Pista 22).

- Quinto y último paso: se trata de trasladar el ejercicio a las palabras en lugar de los números, por ejemplo: "Hola, soy Harold Zúñiga [su nombre] y vamos a hablar de recursos para hablar en público [área de la que usted quiera hablar]". Recuerde: ¡apóyese en las vocales! (pista 23).

Voces con poco volumen

¿Cómo subir el volumen? En la mitad, o más, de los casos, bastará con que usted lo desee y lo haga (siempre sin llegar a hacerse daño en la garganta). En general, las personas que hablan con poco volumen lo hacen porque lo perciben como normal. Salirse de ese hábito les supone hacer un gran esfuerzo y, por tanto, creen que "gritan". También, en muchos casos, desconocen el mecanismo de una buena respiración y aún más cómo usar los resonadores.

Un buen adiestramiento para corregir ese bajo volumen pasaría por aprender a respirar bien, utilizar el diafragma para dosificar y manejar el aire y entrenar con escalas musicales (como hacen los cantantes) que les permitan ir percibiendo sus resonadores y amplificar su uso. Ahora bien, si hemos de ser realistas, resulta que la mayoría de personas no disponen de tiempo para ello (así sucede con la mayoría de mis clientes) y, aunque dispusieran del mismo, resulta que aprender a respirar bien es un tema de alta dificultad, como bien saben los profesionales de la voz (Pavarotti, en sus memorias, comentaba que estuvo a punto de dejar su carrera porque no aprendía a respirar, ¡y lo dijo el mismísimo Pavarotti!).

Voces con alergia

En un momento de mi vida me volví alérgico a los ácaros, al polen y a los pelos de gato y perro. Los efectos se manifestaban en la emisión de mi voz. De hecho, entraba en un estudio de grabación (con alfombra) y mi voz perdía totalmente su timbre y brillo. Recorrí un largo camino con foniatras, alergólogos y diferentes profesores de canto para intentar recuperar mi voz (simultáneamente seguía ejerciendo mi profesión de actor de teatro, con la consecuente ansiedad por que no se notase el problema encima del escenario). Esta búsqueda de información y metodología que me ayudara a resolver mi problema me llevó a un posgrado en rehabilitación de la voz, donde aprendí cosas muy interesantes y útiles que contribuyeron a mi mejoría (todos mis compañeros eran logopedas, así como la gran mayoría de los profesores), aunque lo que verdaderamente me ayudó fue:

- La conexión del aire con el resonador, que aprendí con mi profesora de canto, María José Santos.
- La mejora en la percepción de mi cuerpo: relajar en vez de apretar.
- El ejercicio del "barquito".

Para abordar mi alergia me han sido muy útiles las vacunas y los antihistamínicos que existen hoy en día, que pueden mitigar parte de los efectos de la alergia. También puede ayudar, de cuando en cuando, el uso de mucolíticos, que fluidifican las secreciones bronquiales (en el asmático, la tendencia es a una tos seca) y el uso de broncodilatadores. Es el médico quien debe recomendar lo apropiado para cada individuo y sus particulares síntomas. Me resultó muy apropiado combinar el asesoramiento del alergólogo con el de un buen neumólogo. Y, a nivel psicológico, fue importante aprender a vivir la pérdida de calidad de la voz con menos ansiedad y más aceptación y relajación, pues bajar el componente de ansiedad también contribuye a que la alergia afecte menos.

El ejercicio del "barquito", que aprendí en un libro de François Le Huche,[14] me fue especialmente útil, y por eso lo sigo empleando con la mayoría de mis clientes. Proporciona resultados inmediatos en muchos casos, no necesita conocimientos especiales y se puede entrenar con cierta facilidad. A aquellos a los que no les resulta suficiente hay que enseñarles la técnica de la respiración y la conexión del aire con los resonadores, lo que necesariamente conlleva una inversión de tiempo a mediano o largo plazo.

Voces con mucha tensión

Aquellas voces que realizan un sobreesfuerzo al hablar —¡cuidado!, porque la persona no suele darse cuenta de que lo hace; se da con cierta frecuencia entre los profesores— terminan pagando el precio. Los primeros avisos llegan con afonías y sensación de cansancio rápido en la voz; en un estadio posterior pueden aparecer los nódulos bilaterales: pequeñas callosidades en las cuerdas vocales que pueden desaparecer con una re-educación del uso de la voz o, cuando ya se han endurecido demasiado, recurriendo a la cirugía. Lo mejor es acudir a un especialista (logopeda) después de tener un diagnóstico del otorrinolaringólogo.

El sobreesfuerzo puede venir por:

- Demasiada tensión en los músculos del cuello al hablar (obsérvese en un espejo e intente decir lo mismo sin tanto esfuerzo muscular).

---

[14] *La voz*, de François Le Huche y André Allali (son tres tomos: Anatomía, Fisiología y Patología-Terapéutica), Masson, Barcelona, 1994.

- Un ataque muy fuerte del principio del sonido (la tendencia a gritar de los niños, que desemboca a veces en nódulos)
- Un inadecuado uso de la respiración.

Los entrenamientos para los dos últimos casos pasan por un logopeda e incluso es muy conveniente tener un buen profesor@ de canto lírico que con las vocalizaciones cantadas ayudará, simultáneamente, a mejorar el uso del aire y el ataque del sonido (forma de empezar a generar). El entrenamiento del barquito también le puede ayudar, poniendo mucho hincapié en ir de menos a más en el volumen del sonido al empezar la primera vocal del número.

Voces con un problema puntual

Me estoy refiriendo a una ronquera ocasional —normalmente conse-cuencia de haber gritado— en una noche de fiesta o en un evento deportivo, e incluso cuando se ha tenido que hablar en público varias veces seguidas y no se está acostumbrado. Este tipo de afonías se sue-len mejorar con un poco de descanso.

Hay que tener cuidado con el factor psicológico, pues el hecho de pensar que la voz va a salir mal puede convertirse en una pequeña obsesión limitante; si le ocurriera, consulte con un especialista, que le ayudará y le tranquilizará. El entrenamiento del barquito también le puede ayudar.

Práctica
+++ Entrenamiento con técnica de locutor de televisión

Dirigido a quienes quieran desarrollar una herramienta muy buena contra la monotonía y que también sirve para dar énfasis a la palabra o idea que convenga.

Esta técnica ayuda mucho cuando por necesidad tenemos que hablar más rápido: cuando el espacio para la pausa es menor; ténga-se en cuenta que en las noticias y reportajes, aunque parezca que los reporteros van a una velocidad "normal", en realidad hablan rápido, pero al tener una alta claridad no lo notamos.

Esta práctica consiste en acentuar muy descaradamente y de forma aleatoria, ralentizando una palabra o una frase muy corta. La palabra ralentizada estará aún más acentuada y con el mismo volumen que las anteriores (o ligeramente más alto). (Pista 26).

Tonos e intenciones

La voz es un instrumento musical muy conectado con nuestras emociones y sensaciones. Si entrena y libera la conexión entre sensación/emoción y su voz, adquirirá muchos registros musicales, que a su vez estarán dentro del registro musical que cada voz tiene y que viene determinado por la longitud de las cuerdas vocales y las formas del sistema fonador: cavidades de la boca y nariz, forma de los huesos, que es donde vibra la voz y que determinan las cavidades creadas y uso del aire.

Al igual que un cantante —también con una voz determinada por el tamaño de sus cuerdas vocales y las formas de su sistema fonador— puede "ganar" o descubrir algunas notas musicales que no tenía con el entrenamiento, la voz hablada también puede optimizar sus notas musicales, lo que la hará más amena.

En este sentido, la educación masculina envía un "mensaje social" que no ayuda: el hombre no debe dejar traslucir sus emociones; por tanto, tenderá a usar menos matices y su voz será más plana por ser intencionadamente más neutra. Los actores entrenan sus voces para que sean capaces de transmitir matices sensoriales y emocionales; no utilizan una voz plana, a menos que interpreten un personaje que deba hablar así.

Por tanto, además de pronunciar bien y variar los ritmos, podemos cambiar las notas musicales de nuestra voz. No se asuste: no tiene usted que pensar, además, en qué nota está hablando; lo que tiene que hacer son las prácticas que vienen a continuación (u otras similares), que le darán movimiento —cambios musicales— a su voz y la enriquecerán. Una voz con más posibilidades de registro musical tendrá un potencial de amenidad mayor.

Un ejemplo claro y cercano de esto es la voz de Obama cuando pronunciaba sus primeros *"we can"*.

Práctica
++ Entrenamiento para los cambios de tono (con cuentos)

Cambiar los tonos equivale a usar la capacidad musical de su voz. Lea cuentos jugando a hacer voces diferentes para cada personaje (para el narrador use su tono de voz "normal"). Con ello indagará en las posibilidades musicales de su propia voz. Tenga en cuenta que puede que algunas de las voces que se invente sean muy forzadas, por lo que le pueden castigar su garganta. Intente jugar con voces que, aunque sean diferentes a la suya normal, no le dañen la garganta; en general, el exceso de tensión no será conveniente para sus cuerdas vocales. Si tiene usted hijos pequeños, esta será además una labor divertida y fructífera. (Pista 27).

Práctica
++ Entrenamiento para los cambios de tono con "intenciones"

Este entrenamiento favorece la permeabilidad de la voz para las emociones o sensaciones y enriquece el rango tonal con más musicalidad y más amenidad.

Se llama "intenciones", en el mundo de los actores, a lo que verdaderamente quiere decir la persona. Por ejemplo, cuando alguien le dice "Me ha gustado mucho la comida" y usted capta en el tono de la voz que no le ha gustado nada. La "intención" está en el tono de la voz.

Suelo utilizar dos métodos para entrenarlas: uno indirecto y otro directo.

++/+++ Método indirecto: los tonos con números

Aquí la parte musical es muy clara e inmediata. Se trata de hablar con números (como si fuera otro idioma) y expresar con ellos algo sensorial o emocional (que nos den las intenciones). En los entrenamientos con mis clientes improvisamos las frases en el acto, pero aquí le mostraré algunas para que el ejercicio se entienda mejor:

a) ¡Hemos quedado campeones del mundo! (Dicho con números.)
b) ¡Me encanta el chocolate! (Dicho con números.)
c) ¡Ah, qué asqueroso está esto! (Dicho con números.)
   (Pista 28)

Puede usted inventarse las frases que quiera. Lo importante es que haya una "conexión" sensorial o emocional, que deje que se libere con la voz y que observe cómo su voz adquiere "notas".

++/+++ Método directo: con texto (el "subtexto" de la frase)

En esta ocasión tomamos dos frases como ejemplo:

1. "Me gustaría ir al cine con Ramón."
   Dígala primero de forma normal y luego sintiendo lo siguiente:

   a) "¡Qué horror! Tengo que ir al cine con el insoportable de Ramón."
   b) "¡Dios mío! ¡Qué maravilla! ¡Voy a ir al cine con el hombre/mujer de mi vida!" (Utilice una imagen que le emocione.)

   Observe que aunque es la misma frase, pero la voz refleja diferentes intenciones (pista 29).

2. "¿Te gustaría que vayamos a cenar?"
   Dígala primero de manera normal y luego con las siguientes intenciones:

   a) "¿Te gustaría subir conmigo a la habitación del hotel?"
   b) "¿Quieres que, por compromiso, te lleve a cenar?"

   Observe que se puede decir una cosa y sin embargo transmitir sensorialmente o emocionalmente otra. Fíjese en los cambios que se producen en la musicalidad de la voz. (Pista 30).

De momento, se trata de que usted se entrene en decir una cosa y transmitir realmente la "intención" (sensación/emoción) que le produce. En el mundo de los actores podríamos decir que este es uno de los pilares de la interpretación.

Sentirse cómodo con el ejercicio es cuestión de tiempo; no se preocupe si cree que no le sale tan bien como esperaba. Lo importante es que juegue y no se juzgue, pues de lo contrario disminuirá su capacidad de autosorprenderse, aparecerá el pensamiento y, como comentaré en el apartado relativo al miedo, empezará a perder "poder".

Conmover

Decía al principio de este capítulo que la oratoria es el arte de persuadir y conmover con el uso de la palabra hablada. He centrado los entrenamientos, mayoritariamente, en herramientas que ayudan a la persuasión. Como comenté, para conmover hay que usar la autenticidad de las emociones.

Hay personas que tienen más facilidad que otras para mostrar sus emociones; es una habilidad que también se entrena y que es muy conveniente para aquellos que más les pueda costar. Independientemente del talento individual, en la formación de actores se propicia este tipo de prácticas por razones obvias.

Si queremos conmover a los demás es fundamental enseñar nuestras emociones y vulnerabilidades, lo que no significa que tengamos que ser débiles (confusión muy común).

Por tanto, si desea hacer una presentación en la que quiere estremecer o entusiasmar, necesariamente debe desnudar parte de sus emociones o vulnerabilidades. Aquellos que tengan más facilidad saben que, si son dosificadas adecuadamente, abren orejas y predisponen más a la escucha a los receptores.

No es el objeto de este libro, aunque en los entrenamientos avanzados —ejercicios con tonos— hay una práctica que sí se mueve en estos terrenos. Bastante tiene, de momento, con entrenar herramientas que le ayuden en la persuasión; pero sí debo reseñar que el orador sobresaliente utiliza las emociones (el famoso discurso de Martin Luther King es un buen ejemplo).

Comunicar emociones es independiente del grado de maestría

o práctica que se tenga con la oratoria; quiero decir que hay personas que pueden comunicar muy bien la emoción y, sin embargo, tener una dicción o forma de hablar algo deficiente. El orador que, además de ser eficiente, sepa comunicar emociones en el momento adecuado y en el contexto adecuado, sin duda tendrá un impacto mucho mayor.

> Si quiere conmover use sus emociones de una forma auténtica
> (no sobreactúe, no ponga de más; simple y llanamente transmita
> lo que siente).

Expresé al principio de este capítulo final que si tiene dificultad para comunicar sus emociones, le puede ayudar una ejercitación paralela: ¿por qué no apuntarse a un curso de teatro, cine o danza-teatro? Además de divertirse y conocer gente, se entrenará en transmitir emociones.

Una guía, cuando hable, para dejar salir mejor su emoción sería:

> "No diga lo que piensa, diga lo que siente."

Le ayudará a pasar del terreno racional al emocional.

Despedida

En primer lugar, deseo agradecerle su apuesta por adquirir este manual de autoentrenamientos. Confío en que le será muy útil. En este libro hay aprendizajes que, en mi caso, hubiera agradecido mucho recibir cuando tenía catorce años.

Hablar en público es una habilidad compleja porque requiere activar simultáneamente muchas áreas. Todos estamos dotados para hacerlo eficazmente, aunque hay que pagar el precio del proceso. Para potenciar su capacidad de hablar en público tiene varias opciones:

1. Autoentrenarse con libros o manuales como este que ha adquirido.
2. Asesorarse con un profesional.
3. Unirse a entidades sin ánimo de lucro que se dedican a ello. Deseo destacar en este aspecto la encomiable labor de *toastmasters.org*, a la que pertenezco como miembro, una organización estadunidense que tiene muchos clubes en diferentes países y ciudades del mundo, y en la que se hacen presentaciones en público (en inglés mayoritariamente, aunque también en castellano).

Estas opciones las puede realizar por separado o simultáneamente. Todas ellas forman parte del desarrollo de un proceso. A bailar se aprende bailando... Baile todo lo que pueda: llegará a disfrutar, porque comunicarse mejor con los demás contribuye a la felicidad personal.

Mis mejores deseos para usted,

HAROLD ZÚÑIGA

Agradecimientos

Quiero manifestar mi agradecimiento a todos aquellos que, de manera directa o indirecta, han aportado su talento para la edición de este libro.

A todos mis clientes, que han confiado en mí y me han ayudado a crecer al expresarme abiertamente sus obstáculos en comunicación (creándome nuevos retos). A mis editores (Temas de Hoy en España y Océano en México y Sudamérica, y por supuesto a las personas que hay detrás).

A Ingrid López, el ser más generoso y respetuoso que he conocido hasta ahora, continuo estímulo y esperanza, para mí, de las posibilidades de escucha en el ser humano; a mi agente Marta Sevilla; a Javier Botella, Josep López Romero, Alicia López, Jesús Aladrén, Concepción Gallén; a mi profesora favorita de canto, María José Santos; a Bill Murphy, Gudrun Wolf, Benoit Mahé, mi familia y mis amigos.

A todos aquellos que me han apoyado con sus opiniones, y también a los que contribuyen a mis aprendizajes (me refiero a los que en principio no me "caen bien", por lo que tengo que cultivarme en mirarles con ojos limpios) y progresos sobre la comunicación y sus mecanismos.

Bibliografía

BECK, A.T., y A. FREEMAN, *Terapia cognitiva de los trastornos de personalidad*, Paidós, Barcelona, 1995.

BIRDWHISTEL, RAY, *Introduction to Kinesics. An Annotation System for Analysis of Body Motion and Gesture*, University of Michigan Libraries, 1952. Disponible en internet: http://www.bookprep.com/read/mdp.39015010389719.

CHUN-TAO CHENG, S., *El Tao de la voz*, Gaia Ediciones, Madrid, 1993.

DIMITRUS, JO ELLAN, y MARK MAZARELLAL, *A primera vista*, Urano, Barcelona, 1999.

ECHEVARRÍA, RAFAEL, *Ontología del lenguaje*, Ediciones Granica, Buenos Aires, 2007.

GOLEMAN, DANIEL, *Inteligencia emocional*, Kairós, Barcelona, 2001.

LE HUCHE, FRANÇOIS, y ANDRÉ ALLALI, *La voz*, Masson, Barcelona, 1994. Tres tomos: *Anatomía, Fisiología* y *Patología-Terapéutica*.

MACKEE, ROBERT, *El guión*, Alba Editorial, Barcelona, 2002.

McCALLION, MICHAEL, *El libro de la voz*, Urano, Barcelona, 1998.

MEHRABIAN, ALBERT, *Tactics in Social Influence*, Prentice-Hall, Englewood Cliffs, 1970.

MORRIS, DESMOND, *El hombre al desnudo. Un estudio del comportamiento humano*, Ediciones Nauta, Barcelona, 1977.

NAVARRO, TOMÁS, *Manual de pronunciación española*, Consejo Superior de Investigaciones Científicas, Madrid, 1999.

PASCUAL, PILAR, *Tratamiento de los defectos de articulación en el lenguaje del niño*, CissPraxis, Barcelona, 2003.

PEASE, ALLAN, *El lenguaje del cuerpo*, Paidós Ibérica, Barcelona, 1988.

QUILIS, ANTONIO, y JOSEP A. FERNÁNDEZ, *Curso de fonética y fonología españolas*, Consejo Superior de Investigaciones Científicas, Madrid, 1999.

SAMUEL JOSEPH, ARTHUR, *La voz, el sonido del alma. Un método para potenciar y aumentar la autoestima*, RBA, Barcelona, 1996.

TOLLE, ECKHART, *El poder del ahora*, Gaia Ediciones, Madrid, 2001.

TURCHET, PHILIPPE, *El lenguaje del cuerpo*, Ediciones Mensajero, Bilbao, 2010.

VALLÉS, ANTONIO, *Fichas de recuperación de dislalias*, Ciencias de la Educación Preescolar y Especial, Madrid, 2006.

ÍNDICE DE PRÁCTICAS EN LÍNEA